MULTIPLE CHOICE POLICE SCIENCE

# 객관식 경찰학

김택

박영사

　　본서는 그동안 출제되었던 경찰학개론의 기출문제를 편집한 것이다. 2017년부터 2009년까지 경찰간부시험, 순경공채 등에 출제된 문제를 모아 출간하는 바이다.

　　경찰공개채용시험은 기출문제를 풀어보고 파악하면 출제 흐름을 어렵지 않게 조망할 것이다. 경찰시험은 기출문제유형에서 크게 벗어나지 않고 있어 기출문제만 잘 풀어도 고득점을 받을 것이다.

　　먼저 경찰학개론의 이론을 두세번 반복하여 숙지하고 객관식문제를 풀어보는 것이 필요하다.

　　본서는 중원대학교 신입생부터 고시반 재학생들의 객관식문제풀이에 사용할 교재이다. 따라서 해설을 생략하고 편저자가 강의시간에 해당 문제를 상세하게 설명할 것이다. 또한 이러링 강의교재로서 동영상강좌를 마련하여 배포할 것이다.

　　고진감래다. 노력 끝에 기쁨이 찾아 온다. 목표를 정하고 경찰시험에 일로매진해야 한다. 밤잠 다자고 주색잡기에 빠져 무슨 시험에 합격하겠는가?

　　향후 경찰관을 꿈꾸는 수험생 및 학생들의 많은 참여를 적극 기대하며 주자의 권학문과 우탁의 탄로가로 맺음을 갈음한다.


　주자의 권학문
　少年 易老 學難成 一寸光陰 不可輕.
　　未覺池塘 春草夢 階前梧葉 已秋聲.

(소년은 늙기 쉽고, 학문은 이루기 어려우니
짧은 시간이라도 가벼이 여기지 말라.
아직 연못가의 봄풀은 꿈에서 깨어나지 못했는데
어느덧 세월은 흘러 섬돌 앞의 오동나무는
벌써 가을 소리를 내는구나).


우탁의 탄로가
한손에 가시쥐고 또 한손에 막대들고
늙은 길 가시로 막고 백발은 막대로 치려 했더니
백발이 제 먼저 알고 지름길로 오더라


춘산에 눈 녹인 바람 건듯 불고 간데 없다 .
잠시만 빌려다가 머리 위에 불게 하여
귀 밑에 해 묵은 서리를 녹여볼까 하노라


늙지 말고 다시 젊어져 보려 했더니
청춘이 날 속이고 백발이 다 되었구나
이따금 꽃밭을 지날 때면 죄은 듯 하여라


2018년 1월 저자

# 목 차

제 **1** 편

경찰학 총론

## 2017년 제2차 경찰청 경찰공무원(순경) 채용시험 문제

**1.** 경찰의 개념 중 형식적 의미의 경찰과 실질적 의미의 경찰에 대한 설명으로 가장 적절한 것은?

① 실질적 의미의 경찰 개념은 이론상·학문상 정립된 개념이 아닌 실무상으로 정립된 개념이며, 독일 행정법학에서 유래하였다.

② 경찰이 아닌 다른 일반 행정기관 또한 경찰과 마찬가지로 형식적 의미의 경찰에 해당하는 활동을 할 수 있다.

③ 실질적 의미의 경찰은 형식적 의미의 경찰 개념보다 넓은 의미로 형식적 의미의 경찰을 모두 포괄하는 상위 개념이다.

④ 형식적 의미의 경찰이란 실정법상 보통 경찰기관에 분배되어 있는 임무를 달성하기 위해 행하여지는 경찰 활동을 의미한다.

**2.** 경찰의 임무에 대한 설명으로 가장 적절하지 않은 것은?

① '공공의 안녕과 질서에 대한 위험방지'가 경찰의 궁극적 임무라 할 수 있다.

② 오늘날 대부분의 생활 영역에 대한 법적 규범화 추세에 따라 공공질서 개념의 사용 가능 분야는 점점 축소되고 있다.

③ '공공의 안녕'이란 개념은 '법질서의 불가침성'과 '국가의 존립 및 국가기관의 기능성의 불가침성'으로 나눌 수 있는 바, 이 중 '국가의 존립 및 국가기관의 기능성의 불가침성'이 공공의 안녕의 제1요소이다.

④ 경찰의 개입은 구체적 위험 내지 적어도 추상적 위험이 있을 때 가능하다.

**3.** 경찰의 부정부패 현상과 그 원인에 대한 설명으로 가장 적절한 것은?

① 사회 전체가 경찰 부패를 묵인하거나 조장할 때 경찰은 부패 행위를 하게 되며 시민 사회의 부패가 경찰 부패의 주원인으로 보는 이론은 전체 사회 가설이다.

② 일부 부패경찰을 모집 단계에서 배제하지 못하여 조직 전체를 부패로 물들게 한다는 구조원인 가설은 부패의 원인을 개인적 결함이 아닌 조직의 체계적 원인으로 파악한다.

③ 미끄러지기 쉬운 경사로 이론은 부패에 해당하는 작은 호의가 습관화 될 경우 미끄러운 경사로를 타고 내려오듯이 점점 더 큰 부패와 범죄로 빠진다는 가설이다.

④ 썩은 사과 가설은 신임 경찰관들이 그들의 선배 경찰관들에 의해 조직의 부패 전통 내에서 사회화 되어 신임 경찰도 기존 경찰처럼 부패로 물들게 된다고 주장한다.

**4.** 우리나라 경찰의 역사와 제도에 대한 설명이다. 과거에서 현재 순으로 가장 바르게 나열한 것은?

> ㉠ 경찰관 해외주재관제도 신설
> ㉡ 「경찰관 직무집행법」 제정
> ㉢ 경찰위원회 신설
> ㉣ 「경찰공무원법」 제정
> ㉤ 내무부 치안국을 치안본부로 개편

① ㉡-㉠-㉤-㉣-㉢         ② ㉡-㉠-㉣-㉤-㉢
③ ㉡-㉣-㉠-㉤-㉢         ④ ㉣-㉡-㉤-㉢-㉠

**5.** 「경찰법」상 경찰위원회에 대한 설명으로 가장 적절한 것은?

① 경찰위원회는 경찰의 민주주의와 정치적 중립성을 보장하기 위하여 경찰청에 설치한 독립적 심의·의결 기구이다.

② 경찰위원회는 위원장 1명을 포함한 7명의 위원으로 구성되며 위원장 및 1명의 위원은 상임으로 하고, 5명의 위원은 비상임으로 한다.

③ 가경찰의 부패 방지와 청렴도 향상에 관한 주요 정책사항은 경찰위원회의 심의·의결을 거쳐야한다.

④ 경찰위원회의 회의는 재적위원 과반수의 출석과 재적위원 과반수의 찬성으로 의결한다.

**6.** 경찰공무원의 권리와 의무에 대한 설명으로 가장 적절하지 않은 것은?

① 「국가공무원법」상 공무원은 소속 상관의 허가 또는 정당한 사유가 없으면 직장을 이탈하지 못한다.

② 복종의 의무와 관련하여, 「경찰공무원법」은 국가경찰공무원이 구체적 사건수사와 관련된 상관의 적법성 또는 정당성에 대하여 이견이 있을 때에는 이의를 제기할 수 있다고 규정하고 있다.

③ 「국가공무원법」상 공무원은 공무 외에 영리를 목적으로 하는 업무에 종사하지 못하며 소속 기관장의 허가 없이 다른 직무를 겸할 수 없다.

④ 「공직자윤리법」상 등록의무자(취업심사대상자)는 퇴직일부터 3년간 퇴직 전 5년 동안 소속하였던 부서 또는 기관의 업무와 밀접한 관련성이 있는 취업제한기관에 취업할 수 없다. 다만, 관할 공직자윤리위원회의 승인을 받은 때에는 그러하지 아니하다.

**7.** 「경찰공무원징계령」상 경찰공무원 징계에 대하여 설명한 것이다. 옳은 것을 모두 고른 것은?

> ㉠ 경찰공무원 보통징계위원회는 해당 징계위원회가 설치된 경찰기관 소속 경정 이하 경찰공무원에 대한 징계등 사건을 심의·의결한다.
> ㉡ 경찰공무원 보통징계위원회는 위원장 1명을 포함하여 3명 이상 7명 이하의 공무원위원과 민간위원으로 구성한다.
> ㉢ 징계등 의결 요구를 받은 징계위원회는 그 요구서를 받은 날부터 30일 이내에 징계등에 관한 의결을 하여야 한다. 다만, 부득이한 사유가 있을 때에는 해당 징계등 의결을 요구한 경찰기관의 장의 승인을 받아 30일 이내의 범위에서 그 기간을 연장할 수 있다.
> ㉣ 징계위원회의 위원 중 징계등 심의 대상자의 친족이나 그 징계 사유와 관계가 있는 사람은 그 징계등 사건의 심의에 관여하지 못한다.
> ㉤ 징계위원회는 징계등 사건을 의결할 때에는 징계등 심의대상자의 평소 행실, 근무성적, 공적(功績), 뉘우치는 정도와 징계등 의결을 요구한 자의 의견을 고려할 수 있다.

① ㉠㉤     ② ㉡㉢㉣     ③ ㉡㉢㉤     ④ ㉡㉢㉣㉤

**8.** 「경찰관 직무집행법 및 동법 시행령」상 손실보상에 대한 설명으로 가장 적절하지 않은 것은?

① 국가는 경찰관의 적법한 직무집행으로 인하여 손실발생의 원인에 대하여 책임이 있는 자가 자신의 책임에 상응하는 정도를 초과하는 재산상의 손실을 입은 경우 손실을 입은 자에 대하여 정당한 보상을 하여야 한다.

② 보상을 청구할 수 있는 권리는 손실이 있음을 안 날부터 3년, 손실이 발생한 날부터 5년간 행사하지 아니하면 시효의 완성으로 소멸한다.

③ 경찰공무원의 직무집행으로 인하여 발생한 손실보상청구 사건을 심의하기 위하여 경찰청, 해양경찰청, 지방경찰청 및 지방해양경찰청, 경찰서 및 해양경찰서에 손실보상심의위원회를 설치한다.

④ 손실보상심의위원회의 회의는 재적위원 과반수의 출석으로 개의(開議)하고, 출석위원 과반수의 찬성으로 의결한다.

**9.** 매슬로우(Maslow)의 욕구 이론에 대한 설명으로 가장 적절하지 않은 것은?

① 매슬로우는 욕구를 생리적 욕구(Physiological Needs), 안전의 욕구(Safety Needs), 사회적 욕구(Social Needs), 존경의 욕구(Esteem Needs), 자기실현 욕구(Self-actualization Needs)로 구분하였다.

② 안전의 욕구는 현재 및 장래의 신분이나 생활에 대한 불안 해소에 관한 것으로 신분보장, 연금제도 등을 통해 충족시켜 줄 수 있다.

③ 존경의 욕구는 동료·상사·조직 전체에 대한 친근감·귀속감 충족에 관한 것으로 인간관계의 개선, 고충처리 상담 등을 통해 충족시켜 줄 수 있다.

④ 생리적 욕구는 의·식·주 및 건강 등에 관한 것으로 적정보수제도, 휴양제도 등을 통해 충족시켜 줄 수 있다.

## 2017년 제1차 경찰청 경찰공무원(순경) 채용시험 문제

**1.** 다음 「경찰헌장」에 대한 내용으로 가장 적절하게 연결된 것은?

> ⊙ 정의의 이름으로 진실을 추구하며, 어떠한 불의나 불법과도 타협하지 않는 경찰
> ⓛ 국민의 신뢰를 바탕으로 오직 양심에 따라 법을 집행하는 경찰
> ⓒ 건전한 상식 위에 전문지식을 갈고 닦아 맡은 일을 성실하게 수행하는 경찰
> ⓔ 모든 사람의 인격을 존중하고 누구에게나 따뜻하게 봉사하는 경찰

> ⓐ 친절한 경찰　　ⓑ 근면한 경찰　　ⓒ 의로운 경찰
> ⓓ 공정한 경찰

① ⊙-ⓑ　　　② ⓛ-ⓒ　　　③ ⓒ-ⓓ　　　④ ⓔ-ⓐ

**2.** 경찰의 관할에 대한 설명으로 가장 적절하지 않은 것은?

① 사물관할이란 경찰이 처리할 수 있고 또 처리해야 하는 사무내용의 범위를 말한다.

② 사물관할 중 범죄의 수사에 관한 임무는 대륙법계 경찰개념의 영향을 받은 것이다.

③ 경찰작용법이라고 할 수 있는 「경찰관 직무집행법」에서도 사물관할을 규정하고 있다.

④ 국회 안에 현행범인이 있을 때에는 경찰관은 이를 체포한 후 의장의 지시를 받아야 한다. 다만, 국회의원은 회의장 안에 있어서는 의장의 명령없이 이를 체포할 수 없다.

**3.** 일제 강점기 중 헌병경찰 시기의 경찰에 대한 설명으로 가장 적절하지 않은 것은?

① 일반경찰은 도시나 개항장 등에 배치되었다.

② 헌병은 주로 군사경찰상 필요한 지역 또는 의병활동 지역 등에 배치되었다.

③ 헌병은 법적 근거 없이 일반치안을 담당하였다.

④ 서울과 황궁의 경찰사무는 경무총감부의 직할로 하였다.

**4.** 「국가공무원법」상 경찰공무원의 의무에 대한 규정이다. 옳은 것을 모두 고른 것은?

> ○ 직무의 내외를 불문하고 그 품위가 손상되는 행위를 하여서는 아니 된다.
> ○ 공무 외에 영리를 목적으로 하는 업무에 종사하지 못하며 소속 기관장의 허가 없이 다른 직무를 겸할 수 없다.
> ○ 직무와 관련하여 직접적이든 간접적이든 사례·증여 또는 향응을 주거나 받을 수 없다.
> ○ 직무상의 관계가 있든 없든 그 소속 상관에게 증여하거나 소속 공무원으로부터 증여를 받아서는 아니 된다.

① ㉠㉡      ② ㉠㉢㉣      ③ ㉡㉢㉣      ④ ㉠㉡㉢㉣

**5.** 다음은 경찰위원회와 소청심사위원회에 대한 설명이다. 다음 ㉠부터 ㉣까지의 설명 중 옳고 그름의 표시(O, X)가 바르게 된 것은?

> ○ 경찰위원회는 「경찰공무원법」 제3조에, 소청심사위원회는 「국가공무원법」 제9조에 그 설치근거를 두고 있다.
> ○ 경찰위원회는 위원장 1명을 포함한 5명 이상 7명 이하의 상임위원과 상임위원 수의 2분의 1 이상인 비상임위원으로 구성하되, 위원장은 정무직으로 보한다.
> ○ 소청심사위원회의 위원은 금고 이상의 형벌이나 장기의 심신 쇠약

> 으로 직무를 수행할 수 없게 된 경우 외에는 본인의 의사에 반하
> 여 면직되지 아니한다.
> ㉣ 소청 사건의 결정은 재적 위원 3분의 2 이상의 출석과 출석 위원
> 과반수의 합의에 따르되, 의견이 나뉠 경우에는 출석 위원 과반수
> 에 이를 때까지 소청인에게 가장 불리한 의견에 차례로 유리한 의
> 견을 더하여 그 중 가장 유리한 의견을 합의된 의견으로 본다.

① ㉠(O) ㉡(O) ㉢(X) ㉣(O)    ② ㉠(X) ㉡(X) ㉢(O) ㉣(O)
③ ㉠(O) ㉡(O) ㉢(X) ㉣(X)    ④ ㉠(X) ㉡(X) ㉢(O) ㉣(X)

**6.** 「경찰관 직무집행법」 제10조의4(무기의 사용)에 대한 설명으로 가장 적절한 것은?

① 무기란 사람의 생명이나 신체에 위해를 끼칠 수 있도록 제작된 권총·소총·도검 등을 말한다.

② 「형법」에 규정된 정당방위와 긴급피난에 해당할 때 경찰관은 무기사용은 가능하나 위해를 줄 수는 없다.

③ 체포·구속영장을 집행하는 과정에서 경찰관의 직무집행에 항거하거나 도주하려고 할 때 위해를 수반한 무기사용이 가능하다. 다만, 이 경우 압수·수색영장을 집행하는 과정에서는 상대방에게 위해를 수반한 무기사용이 불가능하다.

④ 사형·무기 또는 장기 1년 이상의 징역이나 금고에 해당하는 죄를 범하였다고 의심할 만한 충분한 이유가 있는 사람이 경찰관의 직무집행에 항거하거나 도주하려고 하는 경우 위해를 수반한 무기사용이 가능하다.

**7.** 「경찰관 직무집행법」상 보호조치에 대한 설명으로 가장 적절하지 않은 것은?

① 경찰관의 긴급구호를 요청받은 보건의료기관이나 공공구호기관은 정당한 이유 없이 긴급구호를 거절할 수 없다.

② 경찰관이 긴급구호나 보호조치를 하였을 때에는 지체 없이 구호대상자의 가족, 친지 또는 그 밖의 연고자에게 그 사실을 알려야 하며, 연고

자가 발견되지 아니할 때에는 구호대상자를 적당한 공공보건의료기관
이나 공공구호기관에 즉시 인계하여야 한다.
③ 자살시도자를 경찰관서에서 보호하는 기간은 24시간을 초과할 수 없다.
④ 미아, 병자, 부상자 등으로서 적당한 보호자가 없으며 응급구호가 필요
하다고 인정되는 사람은 본인이 구호를 거절하는 경우에도 응급구호를
요청하거나 경찰관서에 보호하는 등 적절한 조치를 하여야 한다.

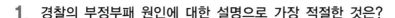

## 2017년 제1차 경찰공무원(순경) 채용시험 문제

**1.** 경찰의 부정부패 원인에 대한 설명으로 가장 적절한 것은?

① 미국의 윌슨은 '시카고 시민이 경찰을 부패시켰다'며 '구조원인 가설'을 주장하였다.

② 니더호퍼, 로벅, 바커 등이 주장한 '전체사회 가설'은 '미끄러지기 쉬운 경사로 이론'과 관련이 깊다.

③ 셔먼의 '미끄러지기 쉬운 경사로 이론'에 의하면 공짜 커피 한 잔도 부패에 해당한다.

④ 선배경찰의 부패행태로부터 신임경찰이 차츰 사회화되어 신임경찰도 기존 경찰처럼 부패로 물들게 된다는 이론은 '구조원인 가설'이다.

**2.** 「경찰청 공무원 행동강령」에 대한 설명으로 가장 적절하지 않은 것은?

① 공무원은 상급자가 자기 또는 타인의 부당한 이익을 위하여 공정한 직무수행을 현저하게 해치는 지시를 하였을 때에는 그 사유를 그 상급자에게 소명하고 지시에 따르지 아니하거나 행동강령책임관과 상담할 수 있다.

② 공무원은 자신이 수행하는 직무가 지속적인 만남 또는 연락 등으로 친분관계가 형성되어 공정한 직무수행이 어렵다고 판단되는 자가 직무관련자인 경우에는 그 직무의 회피 여부 등에 관하여 직근 상급자 또는 행동강령책임관과 상담한 후 처리하여야 한다. 다만, 행동강령책임관이 공정한 직무수행에 영향을 받지 아니한다고 판단하여 정하는 단순 민원업무의 경우에는 그러하지 아니하다.

③ 공무원은 정치인이나 정당 등으로부터 부당한 직무수행을 강요받거나 청탁을 받은 경우에는 소속 기관의 장에게 보고하거나 행동강령책임관과 상담한 후 처리하여야 한다.

④ 공무원은 직위를 이용하여 다른 공무원의 임용·승진·전보 등 인사에 부당하게 개입해서는 아니 된다.

## 3. 「경찰법」상 경찰위원회에 대한 규정이다. 아래 ㉠부터 ㉣까지의 설명 중 옳고 그름의 표시(O, X)가 바르게 된 것은?

> ㉠ 경찰위원회는 위원장 1명을 포함한 7명의 위원으로 구성하되, 위원장 및 5명의 위원은 상임으로 하고, 1명의 위원은 비상임으로 한다.
> ㉡ 위원 중 3명은 법관의 자격이 있는 사람이어야 한다.
> ㉢ 위원은 행정자치부장관의 제청으로 국무총리를 거쳐 대통령이 임명한다.
> ㉣ 위원의 임기는 3년으로 하며, 연임할 수 있다. 이 경우 보궐위원의 임기는 전임자 임기의 남은 기간으로 한다.

① ㉠(X) ㉡(X) ㉢(O) ㉣(X)  ② ㉠(O) ㉡(X) ㉢(X) ㉣(O)

③ ㉠(X) ㉡(O) ㉢(O) ㉣(O)  ④ ㉠(O) ㉡(O) ㉢(X) ㉣(X)

## 4. 「경찰공무원법」상 시보임용에 대한 설명 중 가장 적절하지 않은 것은?

① 퇴직한 경찰공무원으로서 퇴직 시에 재직하였던 계급의 채용시험에 합격한 사람을 재임용하는 경우에는 시보임용을 거치지 아니한다.

② 경정 이하의 경찰공무원을 신규채용할 때에는 1년간 시보로 임용하고, 그 기간이 만료된 다음 날에 정규 경찰공무원으로 임용한다.

③ 경찰대학을 졸업한 사람 또는 경찰간부후보생으로서 정하여진 교육을 마친 사람을 경위로 임용하는 경우에는 시보임용을 거치지 아니한다.

④ 자치경찰공무원을 그 계급에 상응하는 경찰공무원으로 임용하는 경우에는 시보임용을 거쳐야 한다.

## 5. 「질서위반행위규제법」에 대한 설명으로 가장 적절한 것은?

① 질서위반행위의 성립과 과태료 처분은 처분 시의 법률에 따른다.

② 고의 또는 과실이 없는 질서위반행위에도 과태료를 부과한다.

③ 2인 이상이 질서위반행위에 가담한 때에는 각자가 질서위반행위를 한 것으로 본다.

④ 과태료는 행정청의 과태료 부과 처분이나 법원의 과태료 재판이 확정된 후 3년간 징수하지 아니하거나 집행하지 아니하면 시효로 인하여 소멸한다.

**6.** 「위해성 경찰장비의 사용기준 등에 관한 규정」에 대한 설명으로 가장 적절하지 않은 것은?

① 경찰관은 총기 또는 폭발물을 가지고 대항하는 경우를 제외하고는 14세 미만의 자 또는 임산부에 대하여 권총 또는 소총을 발사하여서는 아니 된다.

② 가스차·살수차·특수진압차·물포·석궁·다목적발사기 및 도주차량차단장비는 '기타장비'에 포함된다.

③ 근접분사기·가스분사기·가스발사총(고무탄 발사겸용은 제외) 및 최루탄(그 발사장치를 포함)은 '분사기·최루탄등'에 포함된다.

④ 권총·소총·기관총(기관단총을 포함)·산탄총·유탄발사기·박격포·3인치포·함포·크레모아·수류탄·폭약류 및 도검은 '무기'에 포함된다.

**7.** 「경찰공무원법」상 규정이다. (   )안에 들어갈 숫자를 모두 더한 값은?

> 경찰공무원의 정년은 다음과 같다.
> 1. 연령정년 : 60세
> 2. 계급정년
>    치안감 : (   )년    경무관 : (   )년
>    총  경 : (   )년    경  정 : (   )년

① 35          ② 34          ③ 33          ④ 32

**8.** 공직 분류 방식 중 계급제와 직위분류제에 대한 설명이다. 가장 적절하지 않은 것은?

① 계급제는 사람을, 직위분류제는 직무를 중요시한다.

② 직위분류제는 계급제보다 권한의 한계가 불명확하다.

③ 공직을 평생직장으로 이해하는 직업공무원제도의 정착에는 직위분류제보다 계급제가 유리하다.

④ 우리나라의 공직 분류는 계급제 위주에 직위분류제적 요소를 가미한 혼합형태라고 할 수 있다.

**9.** 「공공기관의 정보공개에 관한 법률」에 대한 설명으로 가장 적절하지 않은 것은?

① 공공기관이 보유·관리하는 정보는 국민의 알권리 보장 등을 위하여 이 법에서 정하는 바에 따라 적극적으로 공개하여야 한다.

② 청구인이 정보공개와 관련한 공공기관의 결정에 대하여 불복이 있거나 정보공개 청구 후 20일이 경과하도록 정보공개 결정이 없는 때에는 「행정심판법」에서 정하는 바에 따라 행정심판을 청구할 수 있다.

③ 공공기관은 청구인의 정보공개청구가 있을 때에는 원칙적으로 청구를 받은 날부터 10일 이내에 공개 여부를 결정하여야 한다.

④ 공공기관은 이의신청을 받은 날부터 7일 이내에 그 이의신청에 대하여 결정하고 그 결과를 청구인에게 지체 없이 문서로 통지하여야 한다. 다만, 부득이한 사유로 정하여진 기간 이내에 결정할 수 없을 때에는 그 기간이 끝나는 날부터 기산하여 7일의 범위에서 연장할 수 있으며, 연장 사유를 청구인에게 통지하여야 한다.

**10.** 「경찰 감찰 규칙」에 대한 설명으로 가장 적절한 것은?

① 감찰관은 심야(오후 10시부터 오전 6시까지를 말한다)에 조사를 하여서는 아니 된다. 다만, 사안에 따라 신속한 조사가 필요하고, 조사대상자로부터 심야조사 동의서를 받은 경우에는 심야에도 조사할 수 있다.

② 감찰관은 소속 경찰기관의 관할구역 안에서 활동하는 것을 원칙으로 한다. 다만, 필요한 경우에는 관할구역 밖에서도 활동할 수 있다.

③ 감찰관은 검찰·경찰, 그 밖의 수사기관으로부터 수사개시 통보를 받은 경우에는 징계의결 요구권자의 결재를 받아 해당기관으로부터 수사결과의 통보를 받을 때까지 감찰조사, 징계의결요구 등의 절차를 진행해야 한다.

④ 감찰관은 감찰조사를 실시하기 전에 조사대상자에게 의무위반행위 사실의 요지를 알릴 수 없지만 다른 감찰관의 참여를 요구할 수 있음은 고지하여야 한다.

## 2016년 제2차 경찰공무원(순경) 채용시험 문제

**1.** 자치경찰제도와 비교하여 국가경찰제도가 갖는 장점으로 가장 적절하지 않은 것은?

① 국가권력을 배경으로 강력하고 광범위한 집행력을 행사할 수 있다.

② 전국적으로 통계의 정확성을 기할 수 있다.

③ 경찰조직의 운영·개혁이 상대적으로 용이하다.

④ 타 행정부문과의 긴밀한 협조·조정이 원활하다.

**2.** 「국회법」과 관련된 경찰의 지역관할에 대한 설명으로 가장 적절하지 않은 것은?

① 국회에 파견된 국가경찰공무원은 국회의장의 지휘를 받아 국회 회의장 건물 밖에서 경호한다.

② 국회 회의장 안에 있는 국회의원은 국회의장의 명령 없이 이를 체포할 수 없다.

③ 국회의장은 국회의 경호를 위하여 필요한 때에는 국회운영위원회의 동의를 얻어 일정한 기간을 정하여 정부에 대하여 필요한 국가경찰공무원의 파견을 요구할 수 있다.

④ 국회 안에 현행범인이 있을 때에는 국가경찰공무원은 국회의장에게 보고 후 지시를 받아 체포하여야 한다.

**3.** 「경찰법」상 경찰위원회에 대한 설명으로 가장 적절하지 않은 것은?

① 경찰행정에 관한 일정한 사항을 심의·의결하기 위하여 행정자치부에 경찰위원회를 둔다.

② 경찰위원회는 위원장 1명을 포함한 7명으로 구성한다.

③ 경찰위원회 위원의 임기는 2년으로 하며, 연임할 수 없다.

④ 경찰위원회의 회의는 재적위원 과반수의 출석과 출석위원 과반수의 찬성으로 의결한다.

## 4. 다음 중 훈령에 대한 설명으로 옳은 것은 모두 몇 개인가?

㉠ 훈령은 구체적인 법령의 근거 없이도 발할 수 있다.
㉡ 훈령의 내용은 하급관청의 직무상 독립된 범위에 속하는 사항이여야 한다.
㉢ 하급경찰관청의 법적 행위가 훈령에 위반하여 행해진 경우 원칙적으로 위법이 아니며, 그 행위의 효력에는 영향이 없다.
㉣ 훈령은 원칙적으로 일반적·추상적 사항에 대해서 발해져야 하지만, 개별적·구체적 사항에 대해서도 발해질 수 있다.

① 1개    ② 2개    ③ 3개    ④ 4개

## 5. 환경설계를 통한 범죄예방(CPTED)에 대한 설명으로 가장 적절하지 않은 것은?

① 자연적 감시 - 건축물이나 시설물의 설계 시 가시권을 최대 확보, 외부침입에 대한 감시기능을 확대하여 범죄행위의 발견 가능성을 증가시키고, 범죄기회를 감소시킬 수 있다는 원리이다.

② 자연적 접근통제 - 사적 공간에 대한 경계를 표시하여 주민들의 책임의식과 소유의식을 증대함으로써 사적 공간에 대한 관리권과 권리를 강화시키고, 외부인들에게는 침입에 대한 불법사실을 인식시켜 범죄기회를 차단하는 원리이다.

③ 활동의 활성화 - 지역사회의 설계 시 주민들이 모여서 상호의견을 교환하고 유대감을 증대할 수 있는 공공장소를 설치하고 이용하도록 함으로써 '거리의 눈'을 활용한 자연적 감시와 접근통제의 기능을 확대하는 원리이다.

④ 유지관리 - 처음 설계된 대로 혹은 개선한 의도대로 기능을 지속적으로 유지하도록 관리함으로써 범죄예방을 위한 환경설계의 장기적이고 지속적인 효과를 유지하는 원리이다.

**6.** 「경찰관직무집행법」상 명시된 경찰관의 경찰장구·분사기·최루탄· 무기 등의 사용 관련 규정에 대한 설명으로 가장 적절하지 않은 것은?

① 경찰장구는 사형·무기 또는 장기 3년 이상의 징역이나 금고에 해당하는 죄를 범한 범인의 체포 또는 도주 방지를 위해서 사용할 수 있다.

② 분사기 및 최루탄은 공무집행에 대한 항거의 제지를 위해서 사용할 수 있다.

③ "무기"라 함은 인명 또는 신체에 위해를 가할 수 있도록 제작된 권총· 소총·도검 등을 말한다.

④ 살수차·분사기·최루탄·무기를 사용한 경우 그 책임자는 사용일시·장 소·대상, 현장책임자, 종류, 수량 등을 기록하여 보관하여야 한다.

**7.** 「경찰공무원법」상 시보임용에 대한 설명으로 옳은 것은?

① 경정 이하 경찰공무원을 신규채용할 때에는 시보임용하고, 그 기간이 만료된 날 정규 경찰공무원으로 임용한다.

② 직위해제기간 및 징계에 의한 정직처분이나 감봉처분을 받은 기간은 시보임용기간에 산입하지 않지만, 휴직기간은 시보임용 기간에 산입한다.

③ 퇴직한 경찰공무원으로서 퇴직 시 재직하였던 계급의 채용시험에 합격한 사람을 재임용하는 경우 시보임용을 거치지 아니한다.

④ 시보임용기간 중에 있는 경찰공무원이 근무성적 또는 교육훈련 성적이 불량할 때는 면직시키거나 면직을 제청하여야 한다.

**8.** 다음은 공직 분류 방식 중 계급제와 직위분류제에 대한 설명이다. 옳은 것은 모두 몇 개인가?

> ㉠ 직위분류제는 계급제에 비해서 보수결정의 합리적인 기준을 제시하는 것이 장점이다.
> ㉡ 계급제는 이해력이 넓어져 직위분류제에 비해서 기관 간의 횡적 협조가 용이한 편이다.

> ⓒ 직위분류제는 프랑스에서 처음 실시된 후 독일 등으로 전파되었다.
> ⓔ 우리나라의 공직 분류는 계급제 위주에 직위분류제적 요소를 가미
>   한 혼합형태라고 할 수 있다.

① 1개            ② 2개            ③ 3개            ④ 4개

## 9. 다음 중 「경찰관직무집행법」상 규정된 즉시강제에 해당하는 것은 모두 몇 개인가?

> ㉠ 불심검문        ㉡ 범죄의 예방 및 제지        ㉢ 무기의 사용
> ㉣ 보호조치        ㉤ 위험방지를 위한 출입

① 2개            ② 3개            ③ 4개            ④ 5개

## 10. 「경찰감찰규칙」에 대한 설명으로 가장 적절하지 않은 것은?

① 경찰기관장은 1년 이상 성실히 근무한 감찰관에 대해서는 희망부서를 고려하여 전보한다.

② 감찰관은 소속 경찰공무원 등의 의무위반사실에 대한 민원을 접수하였을 때에는 접수일로부터 2개월 내에 신속히 처리하여야 한다.

③ 감찰관은 심야(오후 10시부터 오전 6시까지를 말한다)에 조사를 하여서는 아니 된다. 다만, 사안에 따라 신속한 조사가 필요하고, 조사대상자로부터 심야조사 동의서를 받은 경우에는 심야에도 조사할 수 있다.

④ 감찰관은 상급 경찰기관장의 지시에 따라 일정기간 동안 소속 경찰기관이 아닌 다른 경찰기관의 소속 직원의 복무실태, 업무추진 실태 등을 점검할 수 있다.

## 11. 「경찰관직무집행법」 제2조 제7호의 개괄적 수권조항 인정 여부에 있어 찬성 측의 논거로 가장 적절하지 않은 것은?

① 경찰권의 성질상 경찰권의 발동사태를 상정해서 경찰권 발동의 요건·한계를 입법기관이 일일이 규정한다는 것은 불가능하다.

② 개괄적 수권조항은 개별조항이 없는 경우에만 보충적으로 적용하면 된다.

③ 개괄적 수권조항으로 인한 경찰권 남용의 가능성은 조리 상의 한계 등으로 충분히 통제가 가능하다.

④ 「경찰관직무집행법」 제2조 제7호는 단지 경찰의 직무범위만을 정한 것으로서 본질적으로는 조직법적 성질의 규정이다.

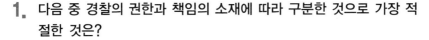

# 2016년 제1차 경찰공무원(순경) 채용시험 문제

**1.** 다음 중 경찰의 권한과 책임의 소재에 따라 구분한 것으로 가장 적절한 것은?

① 국가경찰과 자치경찰

② 예방경찰과 진압경찰

③ 보안경찰과 협의의 행정경찰

④ 질서경찰과 봉사경찰

**2.** 다음의 내용이 설명하는 경찰의 부정부패이론으로 가장 적절한 것은?

> 부정부패의 원인은 자질이 없는 경찰관들이 모집단계에서 배제되지 못하고 조직 내에 유입됨으로써 전체경찰이 부패할 가능성이 있다고 보면서, 부정부패의 원인을 조직의 체계보다는 개인적 결함으로 보고 있다.

① 전체사회 가설                   ② 구조원인 가설

③ 썩은 사과 가설                   ④ 미끄러지기 쉬운 경사로 이론

**3.** 「경찰법」상 지방경찰에 관한 설명으로 가장 적절하지 않은 것은?

① 지방경찰청장은 경찰청장의 지휘·감독을 받아 관할구역의 국가 경찰 사무를 관장하고 소속 공무원 및 소속 국가경찰기관의 장을 지휘 감독한다.

② 지방행정과 치안행정의 업무조정과 그 밖에 필요한 사항을 협의·조정 하기 위하여 시·도지사(제주특별자치도지사는 제외한다) 소속으로 치 안행정협의회를 둔다.

③ 치안행정협의회의 조직·운영과 그 밖에 필요한 사항은 경찰청 훈령으로 정한다.

④ 경찰서장 소속으로 지구대 또는 파출소를 두고, 그 설치기준은 치안수요·교통·지리 등 관할구역의 특성을 고려하여 행정자치부령으로 정한다.

**4.** 「경찰공무원법」상 경찰공무원의 임용결격사유에 관한 설명으로 옳은 것은 모두 몇 개인가?

> ⊙ 피성년후견인 또는 피한정후견인
> ⓛ 파산선고를 받고 복권되지 아니한 사람
> ⓒ 자격정지 이상의 형을 선고받은 사람
> ⓔ 자격정지 이상의 형의 선고유예를 선고받고 그 유예기간 중에 있는 사람
> ⓜ 징계에 의하여 파면 또는 해임처분을 받은 사람

① 2개          ② 3개          ③ 4개          ④ 5개

**5.** 「경찰공무원법」상 징계에 관한 다음 설명 중 가장 적절하지 않은 것은?

① 경무관 이상의 경찰공무원에 대한 징계의결은 「국가공무원법」에 따라 국무총리 소속으로 설치된 징계위원회에서 한다.

② 총경 이하의 경찰공무원에 대한 징계의결을 하기 위하여 대통령령으로 정하는 경찰기관 및 해양경비안전관서에 경찰공무원 징계위원회를 둔다.

③ 경찰청 소속 경무관 이상의 강등 및 정직과 경정 이상의 파면 및 해임은 행정자치부장관의 제청으로 국무총리를 거쳐 대통령이 한다.

④ 국민안전처 소속 경무관 이상의 강등 및 정직과 경정 이상의 파면 및 해임은 국민안전처장관의 제청으로 국무총리를 거쳐 대통령이 한다.

**6.** 「국가공무원법」상 공무원의 복무에 관한 다음 설명 중 가장 적절하지 않은 것은?

① 공무원은 노동운동이나 그 밖에 공무 외의 일을 위한 집단 행위를 하여서는 아니 된다. 또한, 사실상 노무에 종사하는 공무원도 포함한다.

② 공무원이 외국 정부로부터 영예나 증여를 받을 경우에는 대통령의 허가를 받아야 한다.

③ 공무원은 공무 외에 영리를 목적으로 하는 업무에 종사하지 못하며 소속 기관장의 허가 없이 다른 직무를 겸할 수 없다.

④ 공무원은 정당이나 그 밖의 정치단체의 결성에 관여하거나 이에 가입할 수 없다.

**7.** 「경찰관 직무집행법」상 경찰장비에 관한 다음 설명 중 가장 적절하지 않은 것은?

① 경찰관은 직무수행 중 경찰장비를 사용할 수 있다. 다만, 사람의 생명이나 신체에 위해를 끼칠 수 있는 경찰장비(이하 "위해성 경찰장비"라 한다)를 사용할 때에는 필요한 안전교육과 안전검사를 받은 후 사용하여야 한다.

② 경찰청장은 위해성 경찰장비를 새로 도입하려는 경우에는 대통령령으로 정하는 바에 따라 안전성 검사를 실시하여 그 안전성 검사의 결과보고서를 국회 소관 상임위원회에 제출하여야 한다. 이 경우 안전성 검사에는 외부 전문가를 참여시킬 수 있다.

③ 경찰관이 휴대하여 범인 검거와 범죄 진압 등의 직무 수행에 사용하는 수갑, 포승, 경찰봉, 방패는 "경찰장구"에 해당한다.

④ 경찰관은 현행범이나 사형·무기 또는 장기 3년 이상의 징역이나 금고에 해당하는 죄를 범한 범인의 체포 또는 도주 방지를 위한 직무를 수행하기 위해서 필요하다고 인정되는 상당한 이유가 있을 때에는 그 사태를 합리적으로 판단하여 필요한 한도에서 경찰장구를 사용할 수 있다.

정답

경찰학 객관식기출문제

1 ①, 2 ③, 3 ③, 4 ④, 5 ③, 6 ①, 7 ②

## 2015년 제3차 경찰공무원(순경) 채용시험 문제

**1.** 다음 설명에 해당하는 것은 무엇인가?

> 범죄의 예방과 검거 등 보안경찰 이외의 협의의 행정경찰사무 즉 영
> 업경찰, 건축경찰, 보건경찰 등의 경찰사무를 다른 행정관청의 분장사
> 무로 이관하는 현상

① 비범죄화    ② 비경찰화    ③ 사무통합    ④ 경찰국가

**2.** 「경찰법」에 대한 설명으로 가장 적절하지 않은 것은?

① 이 법은 국가경찰의 민주적인 관리·운영과 효율적인 임무수행을 위하
여 국가경찰의 기본조직 및 직무 범위와 그 밖에 필요한 사항을 규정함
을 목적으로 한다.

② 치안에 관한 사무를 관장하게 하기 위하여 행정자치부장관 소속으로
경찰청을 둔다.

③ 경찰청의 사무를 지역적으로 분담하여 수행하게 하기 위하여 특별시장
·광역시장 및 도지사 소속으로 지방경찰청을 두고, 지방경찰청장 소속
으로 경찰서를 둔다.

④ 경찰청장은 경찰위원회의 추천을 받아 행정자치부장관을 거쳐 대통령
이 임명한다.

**3.** 「경찰법」상 경찰위원회에 대한 설명으로 가장 적절하지 않은 것
은?

① 위원회는 위원장 1명을 포함한 7명의 위원으로 구성하되, 위원장 및 5
명의 위원은 비상임으로 하고, 1명의 위원은 상임으로 한다.

② 위원의 임기는 2년으로 하며, 연임할 수 없다.

③ 위원회의 사무는 경찰청에서 수행한다.

④ 위원회의 회의는 재적위원 과반수의 출석과 출석위원 과반수의 찬성으로 의결한다.

## 4. 「경찰관 직무집행법」상 다음 (   )안에 들어갈 숫자의 합은?

> ⊙ 불심검문을 위하여 가까운 경찰관서로 검문대상자를 동행한 경우, 그 검문대상자로 하여금 (   )시간을 초과하여 경찰관서에 머물게 할 수 없다.
>
> ⓛ 경찰관은 보호조치를 하는 경우에 구호대상자가 휴대하고 있는 무기·흉기 등 위험을 일으킬 수 있는 것으로 인정되는 물건을 경찰관서에 임시로 영치하여 놓을 수 있다. 이 때 경찰관서에 임시로 영치하는 기간은 (   )일을 초과할 수 없다.
>
> ⓒ 손실보상을 청구할 수 있는 권리는 손실이 있음을 안 날부터 (   )년, 손실이 발생한 날로부터 5년간 행사하지 아니하면 시효의 완성으로 소멸한다.
>
> ⓔ 이 법에 규정된 경찰관의 의무를 위반하거나 직권을 남용하여 다른 사람에게 해를 끼친 사람은 (   )년 이하의 징역이나 금고에 처한다.

① 20        ② 21        ③ 22        ④ 23

## 5. 다음 중 「경찰법」상 국가경찰의 임무는 모두 몇 개인가?

> ⊙ 국민의 생명·신체 및 재산의 보호
> ⓛ 범죄의 예방·진압 및 수사
> ⓒ 경비·요인경호 및 대간첩·대테러 작전 수행
> ⓔ 외국 정부기관 및 국제기구와의 국제협력

① 1개        ② 2개        ③ 3개        ④ 4개

**6.** 「국가공무원법」에 대한 설명으로 가장 적절하지 않은 것은?

① 강등은 1계급 아래로 직급을 내리고 공무원신분은 보유하나 1개월 이상 3개월 이하의 기간 동안 직무에 종사하지 못하며 그 기간 중 보수의 3분의 2를 감한다.

② 정직은 1개월 이상 3개월 이하의 기간으로 하고, 정직 처분을 받은 자는 그 기간 중 공무원의 신분은 보유하나 직무에 종사하지 못하며 보수의 3분의 2를 감한다.

③ 견책은 전과에 대하여 훈계하고 회개하게 한다.

④ 감사원과 검찰·경찰, 그 밖의 수사기관은 조사나 수사를 시작한 때와 이를 마친 때에는 10일 내에 소속 기관의 장에게 그 사실을 통보하여야 한다.

**7.** 「경찰관 직무집행법」상 불심검문에 대한 설명으로 틀린 것은 모두 몇 개인가?

> ㉠ 경찰관은 수상한 행동이나 그 밖의 주위 사정을 합리적으로 판단하여 볼 때 어떠한 죄를 범하였거나 범하려 하고 있다고 의심할 만한 상당한 이유가 있는 사람을 정지시켜 질문하여야 한다.
> ㉡ 경찰관은 이미 행하여진 범죄나 행하여지려고 하는 범죄행위에 관한 사실을 안다고 인정되는 사람을 정지시켜 질문할 수 있다.
> ㉢ 경찰관은 불심검문 대상자를 정지시킨 장소에서 질문을 하는 것이 그 사람에게 불리하거나 교통에 방해가 된다고 인정될 때에는 질문을 하기 위하여 가까운 경찰관서로 동행할 것을 요구할 수 있다. 이 경우 동행을 요구받은 사람은 그 요구를 거절할 수 없다.
> ㉣ 경찰관은 불심검문 대상자에게 질문을 할 때에 그 사람이 흉기를 가지고 있는지를 조사하여야 한다.

① 1개      ② 2개      ③ 3개      ④ 4개

**8.** 경찰공무원의 무기휴대 및 사용에 대한 근거로서 가장 적절한 것은?

① 경찰공무원법(무기휴대) - 경찰관 직무집행법(무기사용)
② 경찰관 직무집행법(무기휴대) - 경찰법(무기사용)
③ 경찰공무원법(무기휴대) - 경찰법(무기사용)
④ 경찰법(무기휴대) - 경찰관 직무집행법(무기사용)

**9.** 매슬로(Maslow)가 주장하는 5단계 기본욕구와 그 욕구를 충족시키는 것을 바르게 연결한 것은?

① 안전욕구 - 적정보수제도, 휴양제도
② 사회적 욕구 - 인간관계의 개선, 고충처리 상담
③ 존경욕구 - 신분보장, 연금제도
④ 생리적 욕구 - 참여확대, 권한의 위임, 제안제도, 포상제도

**10.** 「경찰관 직무집행법」상 경찰장구의 사용 기준으로 가장 적절하지 않은 것은?

① 현행범이나 사형·무기 또는 장기 3년 이상의 징역이나 금고에 해당하는 죄를 범한 범인의 체포 또는 도주 방지
② 불법집회·시위로 인한 자신이나 다른 사람의 생명·신체와 재산 및 공공시설 안전에 대한 현저한 위해의 발생 억제
③ 자신이나 다른 사람의 생명·신체의 방어 및 보호
④ 공무집행에 대한 항거 제지

---

정답

1 ②, 2 ④, 3 ②, 4 ①, 5 ④, 6 ①, 7 ③, 8 ①, 9 ②, 10 ②

## 2015년 제2차 경찰공무원(순경) 채용시험 문제

**1.** 경찰의 부정부패 현상과 그 원인에 관한 다음 설명 중 가장 적절하지 않은 것은?

① 전체사회 가설은 시민사회의 부패를 경찰부패의 주요 원인으로 본다.

② 구조원인 가설은 윌슨이 주장한 가설로 신참 경찰관들이 그들의 고참 동료들에 의해 조직의 부패전통 내에서 사회화됨으로써 부패의 길로 들어선다는 입장이다.

③ 썩은 사과 가설은 일부 부패경찰이 조직 전체를 부패로 물들게 한다는 이론으로 부패문제를 개인적 결함 문제로 바라본다.

④ 미끄러지기 쉬운 경사로 이론은 부패에 해당하지 않는 작은 호의가 습관화될 경우 미끄러운 경사로를 타고 내려오듯이 점점 더 큰 부패와 범죄로 빠진다는 가설이다.

**2.** 「경찰공무원 복무규정」에 관한 다음 설명 중 가장 적절하지 않은 것은?

① 경찰공무원은 상사의 허가를 받거나 그 명령에 의한 경우를 제외하고는 직무와 관계없는 장소에서 직무수행을 하여서는 아니 된다.

② 경찰공무원은 휴무일 또는 근무시간 외에 3시간 이내에 직무에 복귀하기 어려운 지역으로 여행을 하고자 할 때에는 소속 경찰기관의 장에게 신고를 하여야 한다.

③ 경찰공무원은 근무시간 중 음주를 하여서는 아니 된다. 다만, 특별한 사정이 있는 경우에는 예외로 하되, 이 경우 주기가 있는 상태에서 직무를 수행하여서는 아니 된다.

④ 경찰기관의 장은 근무성적이 탁월하거나 다른 경찰공무원의 모범이 될 공적이 있는 경찰공무원에 대하여 1회 10일 이내의 포상휴가를 허가할 수 있다. 이 경우의 포상휴가기간은 연가일수에 산입하지 아니한다.

## 3. 「경찰법」상 경찰청장에 관한 다음 설명 중 틀린 것은 모두 몇 개 인가?

> ㉠ 경찰청장은 경찰위원회의 동의를 받아 국무총리의 제청으로 대통령이 임명한다. 이 경우 국회의 인사청문을 거쳐야 한다.
> ㉡ 경찰청장은 국가경찰에 관한 사무를 총괄하고 경찰청 업무를 관장하며 소속 공무원 및 각급 국가경찰기관의 장을 지휘·감독한다.
> ㉢ 경찰청장이 직무를 집행하면서 대통령의 지시를 위배하였을 때에는 국회는 탄핵 소추를 의결할 수 있다.
> ㉣ 경찰청장의 임기는 2년으로 하고, 중임할 수 없다.

① 1개      ② 2개      ③ 3개      ④ 4개

## 4. 다음 중 「국가공무원법」상 직위해제의 사유는 모두 몇 개인가?

> ㉠ 직무수행 능력이 부족하거나 근무성적이 극히 나쁜 자
> ㉡ 휴직 기간이 끝나거나 휴직 사유가 소멸된 후에도 직무에 복귀하지 아니하거나 직무를 감당할 수 없을 때
> ㉢ 형사 사건으로 기소된 자(약식명령이 청구된 자는 제외한다)
> ㉣ 파면·해임·강등 또는 정직에 해당하는 징계 의결이 요구 중인 자
> ㉤ 직제와 정원의 개폐 또는 예산의 감소 등에 따라 폐직 또는 과원이 되었을 때

① 2개      ② 3개      ③ 4개      ④ 5개

## 5. 「국가공무원법」상 공무원의 의무에 관한 다음 설명 중 가장 적절하지 않은 것은?

① 공무원이 외국 정부로부터 영예나 증여를 받을 경우에는 소속 기관장의 허가를 받아야 한다.

② 공무원은 재직 중은 물론 퇴직 후에도 직무상 알게 된 비밀을 엄수하여야 한다.

③ 공무원은 직무상의 관계가 있든 없든 그 소속 상관에게 증여하거나 소속 공무원으로부터 증여를 받아서는 아니 된다.

④ 공무원은 소속 상관의 허가 또는 정당한 사유가 없으면 직장을 이탈하지 못한다.

**6.** 「경찰관 직무집행법」에 관한 다음 설명 중 옳은 것은 모두 몇 개인가?

> ㉠ 유치장에 관한 규정을 두고 있다.
> ㉡ "경찰장비"란 무기, 경찰장구, 최루제와 그 발사장치, 살수차, 감식기구, 해안 감시기구, 통신기기, 차량·선박·항공기 등 경찰이 직무를 수행할 때 필요한 장치와 기구를 말한다.
> ㉢ 손실보상청구권은 손실이 있음을 안 날부터 2년, 손실이 발생한 날부터 5년간 행사하지 아니하면 시효의 완성으로 소멸한다.
> ㉣ "경찰장구"란 경찰관이 휴대하여 범인 검거와 범죄 진압 등의 직무 수행에 사용하는 수갑, 포승, 경찰봉, 방패 등을 말한다.

① 1개          ② 2개          ③ 3개          ④ 4개

**7.** 「경찰관 직무집행법」상 불심검문에 관한 다음 설명 중 가장 적절하지 않은 것은?

① 경찰관은 불심검문 시 그 장소에서 질문을 하는 것이 그 사람에게 불리하거나 교통에 방해가 된다고 인정될 때에는 질문을 하기 위하여 가까운 경찰관서로 동행할 것을 요구할 수 있다. 이 경우 동행을 요구받은 사람은 그 요구를 거절할 수 있다.

② 경찰관은 질문을 하거나 동행을 요구할 경우 자신의 신분을 표시하는 증표를 제시하면서 소속과 성명을 밝히고 질문이나 동행의 목적과 이유를 설명하여야 하며, 동행을 요구하는 경우에는 동행 장소를 밝혀야 한다.

③ 질문을 받거나 동행을 요구받은 사람은 형사소송에 관한 법률에 따르지 아니하고는 신체를 구속당하지 아니하며, 그 의사에 반하여 답변을

강요당하지 아니한다.

④ 경찰관은 동행한 사람의 가족이나 친지 등에게 동행한 경찰관의 신분, 동행 장소, 동행 목적과 이유를 알리거나 본인으로 하여금 즉시 연락할 수 있는 기회를 주어야 하나, 변호인의 도움을 받을 권리가 있음을 알릴 필요는 없다.

**8.** 조직의 구성원 간에 지시나 보고를 주고받는 과정에서 지시는 한 사람만이 할 수 있고, 보고도 한 사람에게만 하여야 한다는 조직편성의 원리는 무엇인가?

① 통솔범위의 원리

② 조정의 원리

③ 명령통일의 원리

④ 계층제의 원리

**9.** 「공공기관의 정보공개에 관한 법률」에 관한 다음 설명 중 가장 적절하지 않은 것은?

① 모든 국민은 정보의 공개를 청구할 권리를 가진다.

② 공공기관이 보유·관리하는 정보는 국민의 알권리 보장 등을 위하여 이 법에서 정하는 바에 따라 적극적으로 공개하여야 한다.

③ 공공기관은 정보공개의 청구를 받으면 그 청구를 받은 날부터 10일 이내에 공개 여부를 결정하여야 한다.

④ 정보의 공개 및 우송 등에 드는 비용은 실비의 범위에서 공공기관이 부담한다.

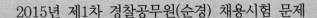

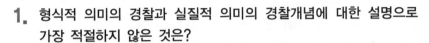

## 2015년 제1차 경찰공무원(순경) 채용시험 문제

**1.** 형식적 의미의 경찰과 실질적 의미의 경찰개념에 대한 설명으로 가장 적절하지 않은 것은?

① 형식적 의미의 경찰이란 실정법상 보통경찰기관에 분배되어 있는 임무를 달성하기 위하여 행하여지는 경찰활동을 의미한다.

② 정보경찰활동과 사법경찰활동은 형식적 의미의 경찰개념에 해당한다.

③ 실질적 의미의 경찰은 조직을 중심으로 파악된 개념에 해당한다.

④ 실질적 의미의 경찰개념은 행정조직의 일부로서가 아니라, 작용을 중심으로 파악한 개념에 해당한다.

**2.** 「경찰청 공무원 행동강령」에 대한 설명으로 옳은 것은 모두 몇 개인가?

> ㉠ 공무원은 직무관련자 또는 직무관련공무원(4촌 이내 친족 포함)에게 금전을 빌리거나 빌려주어서는 아니 되며 부동산을 무상으로 대여 받아서는 아니 된다.
> ㉡ 공무원은 대가를 받고 '외부강의·회의 등'을 할 때에는 미리 외부강의·회의 등의 요청자, 요청사유, 장소, 일시 및 대가를 소속기관장에게 신고하고, 사전에 소속 기관장의 승인을 획득하여야 한다.
> ㉢ 공무원은 상급자가 자기 또는 타인의 부당한 이익을 위하여 공정한 직무수행을 현저하게 해치는 지시를 하였을 때에는 그 사유를 그 상급자에게 소명하고 지시에 따르지 아니하거나 행동강령책임관과 상담하여야 한다.

① 0개  ② 1개  ③ 2개  ④ 3개

**3.** 「경찰공무원 징계령」에 대한 설명으로 틀린 것은 모두 몇 개인가?

> ㉠ 중징계란 파면, 해임, 강등을 말하며, 경징계란 정직, 감봉 및 견책을 말한다.
> ㉡ 경찰공무원 보통징계위원회는 해당 징계위원회가 설치된 경찰기관 소속 경정 이하 경찰공무원에 대한 징계 등 사건을 심의·의결한다.
> ㉢ 경찰공무원 중앙징계위원회는 위원장 1명을 포함하여 5명 이상 7명 이하의 위원으로 구성한다.
> ㉣ 징계위원회의 의결은 위원장을 포함한 위원 과반수(과반수가 3명 미만인 경우에는 3명 이상)의 출석과 출석위원 2/3의 찬성으로 의결한다.
> ㉤ 소속이 다른 2명 이상의 경찰공무원이 관련된 징계 등 사건으로서 관할 징계위원회가 서로 다른 경우에는 모두를 관할하는 바로 위 상급 경찰기관에 설치된 징계위원회에서 심의·의결한다.

① 0개          ② 1개          ③ 2개          ④ 3개

**4.** 「경찰관직무집행법」상 다음 설명 중 가장 적절하지 않은 것은?

① 경찰관서의 장은 대간첩 작전의 수행이나 소요 사태의 진압을 위하여 필요하다고 인정되는 상당한 이유가 있을 때에는 대간첩 작전지역이나 경찰관서·무기고 등 국가중요시설에 대한 접근 또는 통행을 제한하거나 금지할 수 있다.

② 경찰관은 범죄행위가 목전에 행하여지려고 하고 있다고 인정될 때에는 이를 예방하기 위하여 관계인에게 필요한 경고를 하고, 그 행위로 인하여 사람의 생명·신체에 위해를 끼치거나 재산에 중대한 손해를 끼칠 우려가 있는 긴급한 경우에는 그 행위를 제지할 수 있다.

③ 법률에서 정한 절차에 따라 체포·구속된 사람 또는 신체의 자유를 제한하는 판결이나 처분을 받은 사람을 수용하기 위하여 경찰서와 지방해양경비안전관서에 유치장을 둔다.

④ 경찰관 직무의 범위에 외국 정부기관 및 국제기구와의 국제 협력은 규정되어 있지 않다.

**5.** 「경찰관직무집행법」상 경찰관의 무기사용 시 상대방에게 위해를 주어서는 아니 되는 경우로 가장 적절한 것은?

① 자기 또는 타인의 생명·신체에 대한 방호

② 무장간첩이 투항명령을 받고도 불응하는 때

③ 「형법」상 정당방위·긴급피난에 해당하는 때

④ 무기를 소지한 자가 3회 이상 투기·투항명령에 불응하며 항거하는 때

**6.** 「경찰관직무집행법」상 손실보상에 대한 설명으로 틀린 것은 모두 몇 개인가?

---

㉠ 보상을 청구할 수 있는 권리는 손실이 있음을 안 날로부터 1년, 손실이 발생한 날로부터 3년간 행사하지 아니하면 시효의 완성으로 소멸한다.

㉡ 소속 경찰공무원의 직무집행으로 인하여 발생한 손실보상청구 사건을 심의하기 위하여 경찰청, 지방경찰청 및 경찰서에 손실보상 심의위원회를 설치한다.

㉢ 보상금은 다른 법률에 특별한 규정이 있는 경우를 제외하고는 현금으로 지급하여야 하고, 일시불로 지급하되 예산부족 등의 사유로 일시금으로 지급할 수 없는 특별한 사정이 있는 경우에는 청구인의 동의를 받아 분할하여 지급할 수 있다.

㉣ 물건의 멸실·훼손으로 인한 손실 외의 재산상 손실에 대해서는 직무집행과 상당한 인과관계가 있는 범위에서 보상한다.

---

① 1개          ② 2개          ③ 3개          ④ 4개

**7.** 경찰공무원의 임용에 대한 설명으로 가장 적절하지 않은 것은?

① 경찰공무원은 임용장 또는 임용통지서에 기재된 일자에 임용된 것으로 보지만, 사망으로 인한 면직은 사망한 다음 날에 면직된 것으로 본다고 경찰공무원법에 명시되어 있다.

② 경찰청장은 경찰공무원의 채용시험 또는 경찰간부후보생 공개경쟁선발 시험에서 부정행위를 한 응시자에 대하여는 해당 시험을 정지 또는 무

효로 하고, 그 처분이 있은 날부터 5년간 시험응시자격을 정지한다.

③ 경찰청장은 순경에서 5년 이상 근속자를 경장으로, 경장에서 6년 이상 근속자를 경사로, 경사에서 7년 6개월 이상 근속자를 경위로, 경위에서 12년 이상 근속자를 경감으로 각각 근속승진임용 할 수 있다.

④ 경정이하의 경찰공무원을 신규채용할 때에는 1년간 시보(試補)로 임용하고, 그 기간이 만료된 다음 날에 정규 경찰공무원으로 임용한다.

## 8. 「국가재정법」상 경찰예산의 집행에 대한 설명으로 가장 적절하지 않은 것은?

① 경찰청장은 예산이 확정된 후 사업운영계획 및 이에 따른 세입세출예산·계속비와 국고채무부담행위를 포함한 예산배정요구서를 기획재정부장관에게 제출하여야 한다.

② 기획재정부장관은 경찰청장에게 예산을 배정한 때에는 감사원에 통지하여야 한다.

③ 기획재정부장관은 예산집행의 효율성을 높이기 위하여 매년 예산집행에 관한 지침을 작성하여 경찰청장에게 통보하여야 한다.

④ 경찰청장은 세출예산이 정한 목적 외에 경비를 사용할 수 있다.

## 2015년 경찰간부후보생 공개경쟁채용 제1차시험

**1.** 공공질서에 대한 설명으로 틀린 것은?

① 공공질서라 함은 당시의 지배적인 윤리와 가치관을 기준으로 판단할 때 그것을 준수하는 것이 시민으로서 원만한 국가 공동체생활을 영위하기 위한 불가결적 전제조건이 되는 각 개인의 행동에 대한 성문규범의 총체를 의미한다.

② 공공질서의 개념은 시대에 따라 변화하고 유동적이다.

③ 공공질서 개념의 사용가능 분야는 점점 축소되고 있다.

④ 통치권의 집행을 위한 개입의 근거로 사용될 수 있어 엄격한 합헌성을 요구받는다.

**2.** 경찰의 임무를 공공의 안녕과 질서에 대한 위험의 방지라고 할 때, 위험에 대한 설명 중 옳은 것은 모두 몇 개인가?

> 가. 위험이란 가까운 장래에 공공의 안녕에 손해가 나타날 수 있는 가능성이 개개의 경우에 충분히 존재하는 상태를 말한다.
> 나. 경찰에게 있어 위험의 개념은 주관적 추정을 포함한다.
> 다. 경찰이 의무에 합당한 사려 깊은 상황판단을 했음에도 불구하고 위험을 잘못 긍정하는 경우 '오상위험'이라고 한다.
> 라. 오상위험의 경우 경찰관 개인에게는 민·형사상 책임이, 국가에게는 배상책임이 발생할 수 있다.
> 마. 위험혐의는 위험의 존재 여부가 명백해질 때까지 예비적으로 행하는 위험조사 차원의 개입을 정당화한다.

① 4개　　　② 3개　　　③ 2개　　　④ 1개

## 3. 부정부패 현상과 관련하여 틀린 것은 모두 몇 개인가?

> 가. 셔먼의 '미끄러지기 쉬운 경사로 이론'에 의하면 공짜 커피 한잔도 부패에 해당한다.
>
> 나. 선배경찰의 부패행태로부터 신임경찰이 차츰 사회화되어 신임경찰도 기존 경찰처럼 부패로 물들게 된다는 이론은 '썩은 사과 가설'이다.
>
> 다. 경찰관이 동료나 상사의 부정부패에 대하여 감찰이나 외부의 언론매체에 대하여 공표하는 것을 '모랄 해저드'(moral hazard)라고 한다.
>
> 라. 셔먼의 '미끄러지기 쉬운 경사로 이론'에 대하여 펠드버그는 작은 호의를 받았다고 해서 반드시 경찰이 큰 부패를 범하는 것은 아니라고 하면서 비판하였다.

① 1개          ② 2개          ③ 3개          ④ 4개

## 4. 경찰의 관할에 대한 설명으로 틀린 것은?

① 사물관할은 조직법적 임무규정이다.

② 경찰공무원이 국회 안에서 현행범인을 체포한 후에는 국회의장의 지시를 받아야 한다. 단, 회의장 안에 있는 국회의원에 대하여는 국회의장의 명령 없이 체포할 수 없다.

③ 외교공관과 외교관의 개인주택은 치외법권 지역이나 외교사절의 승용차는 이에 포함되지 않는다.

④ 중대한 죄를 범하고 도주하는 현행범인을 추적하는 때에는 대한민국 경찰도 미군 당국의 시설 및 구역 내에서 범인을 체포할 수 있다.

## 5. 부족국가시대의 경찰제도에 관한 설명으로 틀린 것은?

① 고조선시대에는 팔조금법(八條禁法)이라는 형벌법이 있었다.

② 삼한은 천군(天君)이 관할하는 소도(蘇塗)라는 별읍이 있어 죄인이 도망하여도 잡지 못하였다.

③ 부족국가시대의 경찰기능은 지배체제 유지를 위하여 군사, 재판, 형집

행, 공물확보 등의 기능분화 없이 통합적으로 작용하였다.

④ 동예에는 절도범에게 12배의 배상을 하도록 하는 일책십이법(一責十二
法)이 있었다.

## 6. 한국 경찰사에 대한 설명 중 옳은 것은 모두 몇 개인가?

가. 법률 제1호인 정부조직법에서 기존의 경무부를 내무부의 일국인
치안국에서 인수하도록 함으로써 경찰조직은 '부'에서 '국'으로 격
하되었다.

나. 1919년 3.1운동을 계기로 헌병경찰제도에서 보통경찰제도로의 전
환은 이루어졌으나, 오히려 3.1운동을 기화로 일본에서 제정된 정
치범처벌법을 우리나라에 적용하는 등 탄압의 지배체제가 강화되
었다.

다. 1896년 한성과 부산 간의 군용전신선의 보호를 명목으로 일본의
헌병대가 주둔하게 되었는데, 헌병은 사법경찰을 제외한 군사경찰
·행정경찰을 겸하였다.

라. 1894년 일본각의의 결정에 따라 김홍집내각은 '각아문관제'에서
처음으로 경찰이라는 용어를 사용하고, 동년 7월 14일(음력) '경무
청관제직장'과 '행정경찰규칙'을 제정하였다.

① 1개          ② 2개          ③ 3개          ④ 4개

## 7. 다음 중 직권휴직 사유는 모두 몇 개인가?

가. 직무수행 능력이 부족하거나 근무성적이 극히 나쁜 자(3개월 범위 내)

나. 국제기구 등 임시채용

다. 병역 징집·소집

라. 파면·해임·강등 또는 정직에 해당하는 징계 의결이 요구 중인 자

마. 형사 사건으로 기소된 자(약식명령 제외)

바. 신체·정신상 장애로 장기요양

사. 연구기관·교육기관 연수

아. 장기요양 부모 등 간호

자. 노동조합 전임자 종사

차. 외국 근무·유학·연수하는 배우자 동반

① 3개 ② 4개 ③ 5개 ④ 6개

## 8. 다음은 경찰공무원의 의무이다. '국가공무원법'에서 규정하고 있는 의무에 해당하는 것은 몇 개인가?

가. 선서의 의무
나. 법령준수의무
다. 정치운동의 금지
라. 집단행위의 금지
마. 거짓 보고 등의 금지
바. 복종의무
사. 종교중립의 의무
아. 지휘권 남용 등의 금지
자. 청렴의 의무

① 6개 ② 7개 ③ 8개 ④ 9개

## 9. 경찰의 인사권자에 대한 설명으로 틀린 것은?

① 총경의 전보·휴직·직위해제·정직 및 복직은 경찰청장이 행한다.
② 경정 이하의 신규채용·승진임용 및 면직은 경찰청장이 행한다.
③ 경찰청장은 경찰공무원의 임용에 관한 권한의 일부를 소속기관의 장, 지방경찰청장에게 위임할 수 있다.
④ 경찰청장은 '소속기관장에 대한 위임규정'에도 불구하고, 경찰공무원의 정원의 조정·인사교류 또는 파견을 위하여 필요한 때에는 임용권을 행사할 수 있다.

## 10. '경찰관직무집행법'상 경찰장비에 대한 다음의 설명 중 옳은 것은 모두 몇 개인가?

가. '경찰관직무집행법'상 위해성 경찰장비는 필요한 최소한도 내에서 사용해야 하며, 그 종류·사용기준·안전교육·안전검사의 기준 등은 대통령령인 '경찰관직무집행법 시행령'으로 정한다.
나. 경찰장비란 무기, 경찰장구, 최루제와 그 발사장치, 살수차, 감식기구, 해안 감시기구, 통신기기, 차량·선박·항공기 등 경찰이 직무를 수행할 때 필요한 장치와 기구를 말한다.

다. 경찰장구, 살수차, 분사기, 최루탄, 무기 등의 경찰장비를 사용하는 경우에 그 책임자는 사용일시, 사용장소, 현장책임자, 종류, 수량 등을 기록하여 보관하여야 한다.

라. 위해성 경찰장비의 안전성 검사에는 반드시 외부의 전문가를 참여시켜야 한다.

① 1개        ② 2개        ③ 3개        ④ 4개

## 11. '경찰관직무집행법'에 대한 다음의 설명 중 틀린 것은 모두 몇 개인가?

가. 경찰청장은 경찰관의 직무수행을 위하여 외국 정부기관, 국제기구 등과 자료교환, 국제협력 활동 등을 해야 한다.

나. '경찰관직무집행법' 제1조는 국가경찰의 민주적인 관리·운영과 효율적인 임무수행을 위하여 국가경찰의 직무 범위와 그 밖에 필요한 사항을 규정함을 목적으로 한다.

다. 경찰청장은 위해성 경찰장비를 새로 도입하려는 경우 안전성 검사를 실시하여 그 안전성 검사의 결과보고서를 국회의장에게 제출하여야 한다.

라. 경찰관의 직권은 그 직무 수행에 필요한 최소한도에서 행사되어야 하며 남용되어서는 안 된다.

① 1개        ② 2개        ③ 3개        ④ 4개

## 12. 감사관의 감사결과에 대한 조치기준으로서 틀린 것은?

① 감사결과 법령상·제도상 또는 행정상 모순이 있거나 그 밖에 개선할 사항이 있다고 인정되는 경우 개선요구를 할 수 있다.

② 감사결과 위법 또는 부당하다고 인정되는 사실이 있으나 그 정도가 징계 또는 문책사유에 이르지 아니할 정도로 경미 하거나, 피감사기관 또는 부서에 대한 제재가 필요한 경우에 경고·주의를 할 수 있다.

③ 감사결과 문제점이 인정되는 사실이 있어 그 대안을 제시하고 피감사기관의 장 등으로 하여금 개선방안을 마련하도록 할 필요가 있는 경우

에 권고를 할 수 있다.

④ 감사결과 위법 또는 부당하다고 인정되는 사실이 있어 추징·회수·환급·추급 또는 원상복구 등이 필요하다고 인정되는 경우 징계 또는 문책요구를 할 수 있다.

## 13. 경찰홍보에 대한 설명 중 옳은 것은 모두 몇 개인가?

가. 공공관계(PR)는 상대방의 지지를 얻기 위한 노력이나 활동이라는 점에서 선전과 유사하다.

나. 보도관련 용어 중 off the record는 보도하지 않을 것을 조건으로 하는 자료나 정보제공을 말한다.

다. Crandon은 경찰과 대중매체는 서로 얽혀서 범죄와 정의, 사회질서의 현실을 해석하고 규정짓는 사회기구의 역할을 수행한다고 주장하였다.

라. 주민의 지지도를 바탕으로 예산획득, 형사사법 환경하의 협력확보 등의 목적을 달성하는 종합적이고 계획적인 홍보활동을 기업 이미지식 경찰홍보라고 한다.

마. Ericson은 경찰과 대중매체는 서로를 필요로 하기 때문에 둘 사이에는 공생관계가 발달한다고 주장하였다.

바. 경찰의 홍보활동과 관련하여 헌법상 사생활의 보호와 알 권리 간의 균형있는 조화가 필요하다.

① 2개          ② 3개          ③ 4개          ④ 5개

## 14. 다음 경찰의 통제유형 가운데 사후통제인 동시에 외부통제에 해당하는 것은 모두 몇 개인가?

가. 청문감사관제도          나. 국회의 예산심의권
다. 국회의 국정감사          라. 경찰위원회의 심의·의결
마. 법원의 사법심사          바. 감사원의 직무감찰

① 2개          ② 3개          ③ 4개          ④ 5개

**15.** '공공기관의 정보공개에 관한 법률'의 내용으로 틀린 것은?

① 공공기관이 보유·관리하는 정보는 이 법이 정하는 바에 따라 공개할 수 있다.

② 외국인도 대통령령이 정하는 바에 의하여 정보공개청구가 가능하다.

③ 공공기관은 청구인의 정보공개청구가 있을 때에는 원칙적으로 청구를 받은 날부터 10일 이내에 공개여부를 결정하여야 한다.

④ 정보공개청구에 대하여 실시기관이 공개거부결정을 내린 경우, 청구인은 이 결정에 대하여 통지를 받은 날부터 30일 이내에 당해 공공기관에 이의신청을 할 수 있다.

## 2014년 제2차 경찰공무원(순경) 채용시험 문제

**1.** 경찰의 지역관할에 관한 다음 설명 중 가장 적절하지 않은 것은?

① 외교공관에 화재나 전염병이 발생하여 긴급을 요하는 경우에는 외교사절의 동의 없이도 공관에 들어갈 수 있다.

② 국회의장의 요청으로 경찰관이 파견된 경우에는 회의장 건물 밖에서 경호한다.

③ 외교공관과 외교관의 개인주택은 국제법상 치외법권 지역으로 불가침의 대상이 되지만, 외교사절의 승용차, 보트, 비행기 등 교통수단은 불가침의 대상이 아니다.

④ 국회 안에 현행범인이 있을 때에는 이를 체포한 후 의장의 지시를 받아야한다. 다만, 의원은 회의장 안에 있어서는 의장의 명령 없이 이를 체포할 수 없다.

**2.** 갑오개혁 이후 경찰제도에 관한 다음 설명 중 가장 적절한 것은?

① 「경무청관제직장」은 일본의 '행정경찰규칙(1875)'과 '위경죄즉결례(1885)'를 혼합하여 만든 한국 경찰 최초의 작용법이다.

② 「경찰사무에 관한 취극서」는 재한국 외국인에 대한 경찰사무의 지휘감독권을 일본관헌의 지휘감독을 받아 일본계 한국경찰관이 행사토록 하는 내용이 있다.

③ 미군정 시대에는 일제강점기의 경찰제도와 인력에 대한 전면적인 개혁이 시행되었다.

④ 경찰법의 제정으로 경찰위원회가 도입되었고, 경찰청장과 지방경찰청장도 경찰관청으로서의 지위를 갖게 되었다.

**3.** 「경찰법」상 경찰위원회에 관한 다음 설명 중 가장 적절하지 않은 것은?

① 위원과 위원장은 안전행정부장관의 제청으로 국무총리를 거쳐 대통령이 임명한다.

② 안전행정부장관은 심의·의결 내용이 적정하지 아니하다고 판단할 때에는 재의를 요구할 수 있다.

③ 위원은 중대한 신체상 또는 정신상의 장애로 직무를 수행할 수 없게 된 경우를 제외하고는 그 의사에 반하여 면직되지 아니한다.

④ 경찰, 검찰, 국가정보원 직원 또는 군인의 직(職)에서 퇴직한 날부터 3년이 지나지 아니한 사람은 위원이 될 수 없다.

**4.** 경찰공무원 임용에 관한 다음 설명 중 가장 적절한 것은?

① 총경 이상의 경찰공무원은 경찰청장의 제청으로 국무총리를 거쳐 대통령이 임명한다. 다만, 총경의 전보, 휴직, 직위해제, 강등 및 정직은 경찰청장이 한다.

② 경정 이하의 경찰공무원을 신규채용 할 때에는 1년간 시보로 임용하고, 그 기간이 만료된 날에 정규 경찰공무원으로 임용한다.

③ 경정으로의 신규채용, 승진임용 및 면직은 경찰청장의 제청으로 국무총리를 거쳐 대통령이 한다.

④ 휴직기간, 직위해제기간 및 징계에 의한 정직처분 또는 견책처분을 받은 기간은 시보임용 기간에 산입하지 아니한다.

**5.** 「경찰장비의 사용기준 등에 관한 규정」상 다음 보기를 경찰장구, 무기, 분사기·최루탄 등, 기타장비로 옳게 구분한 것은?

| ㉠ 살수차 | ㉡ 산탄총 | ㉢ 포승 | ㉣ 전자충격기 |
| ㉤ 가스발사총 | ㉥ 석궁 | ㉦ 가스차 | ㉧ 경찰봉 |

① 경찰장구 3개, 무기 2개, 분사기·최루탄 등 2개, 기타장비 1개

② 경찰장구 2개, 무기 1개, 분사기·최루탄 등 2개, 기타장비 3개

③ 경찰장구 3개, 무기 1개, 분사기·최루탄 등 1개, 기타장비 3개

④ 경찰장구 2개, 무기 3개, 분사기·최루탄 등 1개, 기타장비 2개

## 6. 경찰공무원의 소청심사에 관한 다음 설명 중 가장 적절하지 않은 것은?

① 소청심사위원회가 소청 사건을 심사하기 위하여 징계요구 기관이나 관계기관의 소속 공무원을 증인으로 소환하면 해당 기관의 장은 이에 따라야 한다.

② 경찰공무원의 소청심사와 행정소송의 관계에 대하여 현행법은 임의적 전치주의를 원칙으로 하고 있다.

③ 소청심사위원회 상임위원의 임기는 3년으로 하며, 한번만 연임할 수 있다.

④ 소청심사위원회는 「국가공무원법」에 따른 소청을 접수하면 지체 없이 심사하여야 한다.

## 7. 최근 개정된 「경찰관 직무집행법」에 관한 다음 설명 중 옳지 않은 것은 모두 몇 개인가?

> ㉠ 국민의 자유와 권리를 보호하고 사회공공의 질서를 유지하기 위한 경찰관(국가경찰공무원만 해당한다. 이하 같다)의 직무수행에 필요한 사항을 규정함을 목적으로 한다.
>
> ㉡ 제2조 제3호에는 경비, 주요 인사 경호 및 대간첩·대테러 작전 수행을 직무범위로 규정하고 있다.
>
> ㉢ 경찰공무원은 직무수행을 위하여 필요하면 무기를 휴대할 수 있다고 규정하고 있다.
>
> ㉣ 경찰관서의 장은 대간첩 작전의 수행이나 소요 사태의 진압을 위하여 필요하다고 인정되는 상당한 이유가 있을 때에는 대간첩 작전지역이나 경찰관서·무기고 등 국가중요시설에 대한 접근 또는 통행을 제한하거나 금지하여야 한다.
>
> ㉤ 이 법에 규정된 경찰관의 직권은 그 직무 수행에 필요한 최소한도에서 행사되어야 하며 남용되어서는 아니 된다는 비례의 원칙을 규정하고 있다.

① 1개      ② 2개      ③ 3개      ④ 4개

**8.** 「경범죄처벌법」에 관한 다음 설명 중 가장 적절하지 않은 것은? (다툼이 있으면 판례에 의함)

① 버스정류장 등지에서 소매치기할 생각으로 은밀히 성명 불상자들의 뒤를 따라다닌 경우 「경범죄처벌법」상 '불안감 조성'에 해당한다.

② 「경범죄처벌법」 제3조(경범죄의 종류)에 따라 사람을 벌할 때에는 그 사정과 형편을 헤아려서 그 형을 면제하거나 구류와 과료를 함께 과할 수 있다.

③ 술에 취한 채로 관공서에서 몹시 거친 말과 행동으로 주정하거나 시끄럽게 한 사람은 60만원 이하의 벌금, 구류 또는 과료의 형으로 처벌한다.

④ '범칙자'란 범칙행위를 한 사람으로서 '범칙행위를 상습적으로 하는 사람', '피해자가 있는 행위를 한 사람', '죄를 지은 동기나 수단 및 결과를 헤아려볼 때 구류처분을 하는 것이 적절하다고 인정되는 사람', '18세 미만인 사람'중 어느 하나에 해당하지 않는 사람을 말한다.

**9.** 「지역경찰 조직 및 운영에 관한 규칙」에 대한 다음 설명 중 가장 적절하지 않은 것은?

① 관리팀은 일근근무, 순찰팀장 및 순찰팀원은 상시·교대근무를 원칙으로 한다.

② 경계근무는 반드시 2인 이상 합동으로 지정하여야 한다.

③ 지역경찰의 근무는 행정근무, 상황근무, 순찰근무, 경계근무, 대기근무, 기타근무로 구분한다.

④ 경찰서장은 인구, 면적, 교통·지리적 여건 등을 고려하여 경찰서의 관할구역을 나누어 지역경찰관서를 설치한다.

정답                                      경찰학 객관식기출문제
1 ③, 2 ④, 3 ①, 4 ③, 5 ③, 6 ②, 7 ②, 8 ①, 9 ④

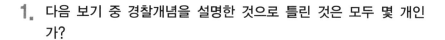

## 2014년 제1차 경찰공무원(순경) 채용시험 문제

**1.** 다음 보기 중 경찰개념을 설명한 것으로 틀린 것은 모두 몇 개인가?

> ㉠ 형식적 의미의 경찰은 모두 실질적 의미의 경찰에 포함된다.
> ㉡ 정보경찰의 활동은 실질적 의미의 경찰보다는 형식적 의미의경찰과 관련이 깊다.
> ㉢ 실질적 의미의 경찰개념은 학문상으로 정립된 개념이며, 프랑스 행정법학에서 유래하였다.
> ㉣ 형식적 의미의 경찰개념에 입각한 경찰활동의 범위는 나라마다 차이가 있을 수 있다.

① 1개          ② 2개          ③ 3개          ④ 4개

**2.** 다음은 경찰의 부정부패 원인에 대해 설명한 것이다. 가장 적절한 것은?

① 전체사회가설 : 대표적으로 니더호퍼, 로벅, 바커 등이 주장한 것으로, '미끄러지기 쉬운 경사로 이론'과 관련이 깊다.

② 썩은사과가설 : 경찰의 부정부패 현상이 나타나는 원인으로 미국의 윌슨은 "시카고 시민이 경찰을 부패시켰다"고 주장하면서, 시민사회의 부패가 경찰부패의 주원인이라고 보았다.

③ 구조원인가설 : 신임 경찰관들이 그들의 선배 동료들에 의해 만들어진 조직적인 부패의 전통 내에서 사회화됨으로써 부패의 길로 들어선다는 입장이다.

④ 전체사회가설 : 자질이 없는 경찰관들이 모집단계에서 배제되지 않고 조직 내로 유입됨으로써 경찰의 부패가 나타난다는 이론이다.

**3.** 다음 보기 중 '미군정시기'의 경찰에 대해 설명한 것으로 틀린 것은 모두 몇 개인가?

> ㉠ 경찰의 조직법적·작용법적 정비가 이루어 졌으며, 비경찰화 작업이 행해져 경찰의 활동영역이 축소되었다.
> ㉡ 비경찰화 작용의 일환으로 위생사무를 위생국으로 이관하였고, 정보경찰과 고등경찰을 폐지하였다.
> ㉢ 1946년 여자경찰제도를 신설하여 14세 미만의 소년범죄와 여성관련 업무 등을 담당하게 하였다.
> ㉣ 1947년 6인의 위원으로 구성된 중앙경찰위원회가 설치되어 경찰의 민주화 개혁에 성공하였다.
> ㉤ 영미법의 영향을 받아 경찰의 이념 및 제도에 민주적 요소가 도입되었다.

① 0개　　② 1개　　③ 2개　　④ 3개

**4.** 다음 보기 중 안전행정부 소속의 '소청심사위원회'를 설명한 것으로 틀린 것은 모두 몇 개인가?

> ㉠ 대학에서 행정학·정치학 또는 법률학을 담당한 부교수 이상의 직에 5년 이상 근무한 자는 위원이 될 수 있다.
> ㉡ 위원장 1명을 포함한 5명 이상 7명 이내의 상임위원과 상임위원 수의 2분의 1 이상인 비상임위원으로 구성하되, 위원장은 정무직으로 보한다.
> ㉢ 소청 사건의 결정은 재적위원 3분의 2 이상의 출석과 재적위원 과반수의 합의에 따르되, 의견이 나뉠 경우에는 출석위원 과반수에 이를 때까지 소청인에게 가장 불리한 의견에 차례로 유리한 의견을 더하여 그 중 가장 유리한 의견을 합의된 의견으로 본다.
> ㉣ 상임위원의 임기는 3년으로 하며, 연임할 수 없다.
> ㉤ 상임위원은 다른 직무를 겸할 수 없다.

① 1개　　② 2개　　③ 3개　　④ 4개

**5.** 다음은 경찰공무원 징계를 설명한 것이다. 가장 적절한 것은?

① 총경과 경정의 강등 및 정직은 경찰청장이 행한다.

② 경무관 이상의 경찰공무원에 대한 징계의결은 「국가공무원법」에 따라 경찰청에 설치된 경찰공무원 중앙징계위원회에서 한다.

③ 징계 등 의결을 요구한 자는 경징계의 징계 등 의결을 통지 받았을 때에는 통지받은 날부터 30일 이내에 징계 등을 집행하여야 한다.

④ 징계의결 등의 요구는 징계 등의 사유가 발생한 날부터 2년(금품 및 향응 수수, 공금의 횡령·유용의 경우에는 3년)이 지나면 하지 못한다.

**6.** 다음은 경찰공무원의 의무를 설명한 것이다. 가장 적절하지 않은 것은?

① '비밀엄수의 의무'에서 비밀의 범위는 자신이 처리하는 직무에 직결된 비밀뿐만 아니라, 직무와 관련하여 알게된 모든 비밀을 포함한다.

② '거짓보고 금지의무'는 「경찰공무원법」에 명시되어 있다.

③ 「국가공무원법」상 '종교중립의 의무'는 신분상 의무가 아니라 직무상 의무에 속한다.

④ 「경찰공무원법」상 '성실 의무'는 공무원의 기본적 의무로서 모든 의무의 원천이 된다.

**7.** 다음은 「경찰관직무집행법」제4조 보호조치를 설명한 것이다. 가장 적절한 것은?

① 경찰관은 수상한 거동 기타 주위의 사정을 합리적으로 판단하여 보호조치대상자에 해당함이 명백하며 응급의 구호를 요한다고 믿을 만한 상당한 이유가 있는 자를 발견한 때에는 보건의료기관 또는 공공구호기관에 긴급구호를 요청하거나 경찰관서에 보호하는 등 적당한 조치를 하여야 한다.

② 경찰관이 보호조치를 한 때에는 지체 없이 이를 피구호자의 가족·친지 기타 연고자에게 그 사실을 통지하여야 하며, 연고자가 발견되지 아니할 때에는 피보호자를 적당한 공중보건 의료기관이나 공공구호기관에

즉시 인계하여야 한다.

③ 경찰관서에서의 보호조치는 12시간을 초과할 수 없다.

④ 미아·병자·부상자 등으로서 적당한 보호자가 없으며 응급의 구호를 요한다고 인정되면 당해인이 거절하더라도 보호조치가 가능하다.

## 2014년 경찰간부후보생 공개경쟁채용 제1차시험

**1.** 대륙법계 경찰개념의 발전과정에 관한 설명의 순서가 가장 올바르게 연결된 것은?

> 가. 프로이센 일반란트법이 제정되어 공공의 안녕과 질서를 유지하고 절박한 위험을 방지하는 것이 경찰의 직무라고 하였다.
>
> 나. 프랑스 경죄처벌법(죄와형벌법전)이 제정되어 경찰은 공공의 질서 및 개인의 안전보호를 임무로 하였다.
>
> 다. 프로이센 고등행정법원이 크로이쯔베르크 판결을 통해 경찰의 직무가 위험방지에 한정된다고 하였다.
>
> 라. 독일 제국경찰법에서는 교회행정을 제외한 국가행정을 경찰이라고 하였다.
>
> 마. 프랑스 지방자치법전에서는 자치체 경찰은 공공의 질서·안전 및 위생을 확보함을 목적으로 한다고 하였다.

① 가-나-다-라-마      ② 나-다-라-마-가

③ 다-라-마-가-나      ④ 라-가-나-다-마

**2.** 형식적 의미의 경찰개념과 실질적 의미의 경찰개념에 대해 가장 잘못 설명한 것은?

① 형식적 의미의 경찰개념은 실정법상 보통경찰기관에 분배되어 있는 임무를 달성하기 위한 경찰활동이다.

② 실질적 의미의 경찰개념은 학문상으로 정립된 개념이라기보다는 실무상으로 확립된 개념이다.

③ 형식적 의미의 경찰활동으로는 수사활동, 정보활동, 서비스적 활동 등이 있다.

④ 일반행정기관에서도 경찰기능을 담당한다고 할 때의 경찰기능은 일반행정기관이라는 조직적 측면에서 바라본 실질적 경찰개념을 의미한다.

**3.** 홉스, 로크, 루소의 사회계약설에 대한 설명 중 틀린 것은 모두 몇 개인가?

> 가. 로크는 자연상태에서 처음에는 자유롭고 평등하며 정의가 지배하는 사회였다가 인간관계가 확대됨에 따라 자연권 유지가 불안해진다고 보았다.
> 나. 로크는 자연상태에서는 시비를 판단할 합의된 기준이 없다고 보았다.
> 다. 루소는 자연상태에서 처음에는 자유, 평등이 보장되는 목가적 상태에서 점차 강자와 약자의 구별이 생기고 불평등 관계가 성립한다고 보았다.
> 라. 루소가 고안한 "일반의지"라는 개념은 모호한 개념으로 일반의지라는 미명하에 독재가 가능하다는 비판을 받는다.
> 마. 홉스는 자연권의 전면적 양도 및 국왕의 통치에 절대 복종해야 한다고 보았다.

① 0개  ② 1개  ③ 2개  ④ 3개

**4.** 다음 설명 중 틀린 것은 모두 몇 개인가?

> 가. 한국 경찰의 최초의 조직법은 경무청관제직장이고, 최초의 경찰작용법은 행정경찰장정이다.
> 나. 1919년 3·1운동을 계기로 헌병경찰제도가 보통경찰제도로 전환되었다.
> 다. 3·1운동 이후 정치범처벌법을 제정하고 일본에서 제정된 치안유지법을 국내에 적용하는 등 탄압의 지배체제를 더욱 강화하였다.
> 라. 미군정 하에서 경제경찰·고등경찰·정보경찰이 폐지되는 등 비경찰화 작업이 진행되었다.
> 마. 미군정 하에서 6인의 위원으로 구성된 중앙경찰위원회가 설치되었다.

① 1개  ② 2개  ③ 3개  ④ 4개

## 5. 고려시대 경찰제도에 대한 설명 중 가장 잘못된 것은?

① 중앙에서는 형부, 병부, 어사대, 금오위 등이 경찰업무를 수행하였다.

② 지방에서는 위아를 장으로 하는 현위라는 지방경찰기관이 있었다.

③ 순군만호부는 방도금란 외에 왕권보호의 정치경찰적 기능도 수행하였다.

④ 어사대는 풍속교정 및 관리의 비위를 규탄하는 풍속경찰의 임무를 수행하였다.

## 6. 경찰공무원의 징계에 대한 설명 중 가장 옳은 것은?

① 가장 가벼운 징계벌인 견책은 집행종료 후 18개월이 경과하기 전에는 승진할 수 없다.

② 정직은 정직기간 종료 후 18개월이 경과되기 전에도 승진할 수 있다.

③ 해임은 파면과 달리 신분이 박탈되지 아니하지만, 퇴직급여의 감액이 있다.

④ 파면 처분 이후 5년이 경과하면 일반공무원으로는 임용될 수 있으나 경찰공무원으로는 임용될 수 없다.

## 7. 경찰위원회에 관한 기술 중 가장 타당하지 아니한 것은?

① 경찰위원회는 위원장 1명을 포함한 7명의 위원으로 구성하되, 위원장 및 5명의 위원은 비상임으로 하고, 1명의 위원은 상임으로 한다.

② 안전행정부장관은 경찰위원회의 심의·의결된 내용이 적정하지 아니하다고 판단할 때에는 재의를 요구할 수 있다.

③ 제주특별자치도의 자치경찰에 대한 국가경찰의 지원, 협조 및 협약체결의 조정 등에 관한 주요 정책사항은 경찰위원회의 심의·의결 사항이 아니다.

④ 경찰위원회 위원은 중대한 신체상 또는 정신상의 장애로 직무를 수행할 수 없게 된 경우를 제외하고는 그 의사에 반하여 면직되지 아니한다.

## 8. 경찰공무원의 인사권자 및 임명절차에 대한 다음 기술 중 관련 규정에 따를 때 가장 옳지 않은 것은?

① 경찰청장은 경찰위원회의 동의를 받아 안전행정부장관의 제청으로 국무총리를 거쳐 대통령이 임명한다. 이 경우 국회의 인사청문을 거쳐야 한다.

② 총경 이상의 경찰공무원은 경찰청장 또는 해양경찰청장의 추천을 받아 안전행정부장관 또는 해양수산부장관의 제청으로 국무총리를 거쳐 대통령이 임용한다.

③ 경정으로의 신규채용, 승진임용 및 면직은 경찰청장 또는 해양경찰청장의 추천을 받아 안전행정부장관 또는 해양수산부장관의 제청으로 국무총리를 거쳐 대통령이 한다.

④ 임용권의 위임을 받은 지방경찰청장은 경감 또는 경위를 신규채용하고자 할 때에는 미리 경찰청장의 승인을 얻어야 한다.

## 9. 다음 중 국가공무원법 상 경찰공무원의 의무로서 직무상의 의무는 모두 몇 개인가?

| | |
|---|---|
| 가. 선서의무 | 나. 법령준수의무 |
| 다. 친절공정의무 | 라. 영예의 제한 |
| 마. 지휘권남용 등 금지의무 | 바. 비밀엄수의무 |
| 사. 거짓보고 및 직무유기금지의무 | 아. 복종의무 |

① 2개          ② 3개          ③ 4개          ④ 5개

## 10. 경찰통제에 대한 설명 중 가장 옳지 않은 것은?

① 경찰의 임무는 국민의 자유나 권리를 침해할 가능성이 크므로 통제의 필요성도 크다고 볼 수 있다.

② 경찰조직의 정책과오에 대하여는 정책결정의 책임보다는 경찰공무원 개인의 책임으로 돌리는 경우가 많다.

③ 행정심판, 국회의 국정감사권, 국회의 예산심의권은 사후통제에 해당

한다.

④ 경찰통제 유형을 내부통제와 외부통제로 구분할 때 청문감사관, 훈령 권, 직무명령권은 내부통제에 해당한다.

## 11. 다음 중 경찰처분의 부관에 관한 설명으로 잘못된 것은 모두 몇 개인가?

> 가. 부관이란 경찰처분의 일반적 효과를 일부 제한 또는 보충하기 위 하여 주된 의사표시의 내용에 붙여진 종된 의사표시를 의미한다.
> 나. '조건'에는 행정행위의 효과의 발생을 장래의 불확실한 사실에 의 존시키는 해제조건과 행정행위의 효과의 소멸을 장래의 불확실한 사실에 의존시키는 정지조건이 있다.
> 다. '법률효과의 일부배제'란 행정행위의 주된 내용에 부가하여 법령에 서 일반적으로 그 행위에 부여하고 있는 효과의 일부의 발생을 배 제시키는 부관이다.
> 라. '수정부담'이란 상대방이 신청한 것과는 다르게 행정행위의 내용을 정하는 부관으로 상대방의 동의가 없어도 효력이 발생한다.
> 마. 부관은 법규에 명문 규정이 있는 경우에만 붙일 수 있다.

① 1개          ② 2개          ③ 3개          ④ 4개

## 12. 경찰강제 중 경찰상 강제집행에 관한 설명으로 가장 옳은 것은 무 엇인가?

① 대집행의 절차는 [대집행영장에 의한 통지 → 대집행의 계고 → 대집행 의 실행 → 비용의 징수] 순으로 진행된다.

② 집행벌이란 대체적 작위의무의 불이행이 있는 경우에 그 의무의 이행 을 직접적으로 강제하기 위하여 과하는 금전벌을 말한다.

③ 직접강제란 경찰법 상의 의무의 불이행이 있는 경우에 의무자의 신체·재산 등에 직접적으로 실력을 가함으로써 의무의 이행과 동일한 상태 를 실현하는 작용을 말한다.

④ 강제징수란 경찰법 상의 금전급부의 의무를 이행하지 아니한 경우에 경

찰기관이 의무자의 재산에 실력을 가하여 의무가 이행된 것과 같은 상태를 실현하는 작용을 말하며, 이에 관한 일반법으로는 국세기본법이 있다.

## 13. 메슬로(Maslow)의 5단계 기본욕구에 대한 설명 중 가장 적절하게 연결된 것은?

① 생리적 욕구 - 신분보장, 연금제도
② 안전욕구 - 적정보수제도, 포상제도
③ 사회적 욕구 - 인간관계의 개선, 고충처리 상담
④ 존경욕구 - 참여확대, 권한의 위임, 공무원단체 활용

## 14. 다음 중 청소년보호법 상 처벌규정으로 가장 옳지 않은 것은?

① 영리를 목적으로 청소년으로 하여금 신체적인 접촉 또는 은밀한 부분의 노출 등 성적 접대행위를 하게 하거나 이러한 행위를 알선, 매개하는 행위를 한 자는 1년 이상 10년 이하의 징역에 처한다.
② 영리나 흥행을 목적으로 청소년에게 음란한 행위를 하게 한 자는 7년 이하의 징역에 처한다.
③ 영리나 흥행을 목적으로 청소년의 장애나 기형 등의 모습을 일반인들에게 관람시키는 행위를 한 자는 5년 이하의 징역에 처한다.
④ 영리를 목적으로 청소년으로 하여금 거리에서 손님을 유인하는 행위를 하게 한 자는 3년 이하의 징역 또는 2천만원 이하의 벌금에 처한다.

## 15. 경찰벌에 대한 설명 중 맞는 것을 모두 고른 것은?

가. 경찰벌에는 경찰형벌과 경찰질서벌이 있는 바, 전자는 사형, 징역, 금고, 자격상실, 자격정지, 벌금, 구류, 과료, 몰수 등이 있으며, 후자는 과태료가 있다.
나. 경찰형벌은 경찰법상 의무위반에 대하여 형벌을 가하는 경찰벌로서 경찰관직무집행법이 적용되며, 그 과벌절차는 비송사건 절차법이 적용된다.
다. 지방자치법은 기본권보호를 위하여 조례에 의한 과태료의 부과를

금지하고 있으며, 오직 경찰관직무집행법에 의한 과태료 부과를 규정하고 있다.

라. 경찰벌과 징계벌의 차이에 대하여 전자는 일반사회 질서유지를 목적으로 하지만, 후자는 경찰내부의 질서유지를 목적으로 한다.

마. 경찰벌과 징계벌은 양자가 일반통치권과 특별행정법관계 등의 권력기초가 다르므로 일사부재리의 원칙상 양자를 병과해서는 안 된다.

① 나, 마　　　② 나, 다　　　③ 마, 라　　　④ 가, 라

## 16. 다음 예산제도에 대한 설명 중 옳지 않은 것은 모두 몇 개인가?

가. 품목별예산제도는 지출의 대상, 성질을 기준으로 세출예산의 금액을 분류함으로써 회계책임이 명확하고, 인사행정에 유용한 정보 및 자료를 제공하며, 계획과 지출이 일치하는 장점이 있다.

나. 성과주의예산제도는 사업계획을 세부사업으로 분류하고 각 세부사업을 '단위원가×업무량＝예산액'으로 표시하여 편성함으로써 해당 부서의 업무능률을 측정하여 다음 연도 반영이 가능하며, 인건비 등 경직성 경비 적용에 용이한 장점이 있다.

다. 품목별예산제도는 예산집행의 신축성에 제약이 있고, 성과측정이 곤란하며, 감사기관에 의한 통제가 용이하지 않고, 미시적관리로 정부 전체활동의 통합조정에 필요한 수단을 제공하지 못한다는 단점이 있다.

라. 성과주의예산제도는 단위원가 계산이 곤란하고, 업무측정단위 선정이 어려운 단점이 있다.

마. 계획예산제도(PPBS)는 매년사업의 우선순위를 새로이 결정하고 그에 따라 예산을 책정하는 제도로서, 전년도 예산을 기준으로 점증적으로 예산액을 책정하는 폐단을 시정하려는 목적에서 유래하였다.

① 1개　　　② 2개　　　③ 3개　　　④ 4개

**정답**　　　　　　　　　　　　　　　　경찰학 객관식기출문제

1 ④, 2 ②, 3 ①, 4 ①, 5 ②, 6 ④, 7 ③, 8 ③, 9 ②, 10 ③, 11 ③, 12 ③, 13 ③, 14 ②, 15 ④, 16 ④

## 2013년 제2차 경찰공무원(순경) 채용시험 문제

**1.** Joseph F. Sheley가 주장한 범죄유발의 4요소로 가장 적절하지 않은 것은?

① 범행의 동기(Motivation)　　　② 이동의 용이성(Inertia)

③ 범행의 기술(Skill)　　　　　　④ 범행의 기회(Opportunity)

**2.** 우리나라 경찰과 관련된 연혁을 시간순서별(오래된→최근순)로 가장 적절하게 나열한 것은?

> ㉠ 경찰법 제정
> ㉡ 내무부 치안국을 치안본부로 개편
> ㉢ 경찰관 해외주재관제도 신설
> ㉣ 경찰관직무집행법 제정
> ㉤ 제주 자치경찰 출범

① ㉡→㉢→㉣→㉠→㉤　　　　② ㉡→㉢→㉠→㉣→㉤

③ ㉣→㉢→㉡→㉠→㉤　　　　④ ㉣→㉢→㉠→㉡→㉤

**3.** 「경찰공무원법」상 시보임용에 대한 설명 중 가장 적절하지 않은 것은?

① 경정 이하의 경찰공무원을 신규채용할 때에는 1년간 시보로 임용하고, 그 기간이 만료된 날에 정규 경찰공무원으로 임용한다.

② 휴직기간, 직위해제기간 및 징계에 의한 정직처분 또는 감봉처분을 받은 기간은 시보임용기간에 산입하지 아니한다.

③ 경찰대학을 졸업한 사람 또는 경찰간부후보생으로서 정하여진 교육을 마친 사람을 경위로 임용하는 경우에는 시보임용을 거치지 아니한다.

④ 자치경찰공무원을 그 계급에 상응하는 경찰공무원으로 임용하는 경우에는 시보임용을 거치지 아니한다.

## 4. 「경찰공무원법」에 대한 설명 중 틀린 것은 모두 몇 개인가?

> ㉠ 경정으로의 신규채용, 승진임용 및 면직은 경찰청장 또는 해양경찰청장의 제청으로 국무총리를 거쳐 대통령이 한다.
>
> ㉡ 경사를 경위로 근속승진임용하려는 경우 해당 계급에서 2년 이상 근속을 요한다.
>
> ㉢ 경감 이상의 경찰공무원으로서 모든 경찰공무원의 귀감이 되는 공을 세우고 전사하거나 순직한 사람에 대하여는 2계급 특별승진시킬 수 있다.
>
> ㉣ 경찰공무원의 인사상담 및 고충을 심사하기 위하여 경찰청, 해양경찰청, 지방경찰청, 대통령령으로 정하는 경찰기관 및 지방해양경찰관서에 경찰공무원 고충심사위원회를 둔다.
>
> ㉤ 경무관 이상의 경찰공무원에 대한 징계의결은 「국가공무원법」에 따라 국무총리 소속으로 설치된 징계위원회에서 한다.

① 1개          ② 2개          ③ 3개          ④ 4개

## 5. 「경찰법」 및 「치안행정협의회규정」상 치안행정협의회에 대한 설명 중 옳은 것은 모두 몇 개인가?

> ㉠ 지방행정과 치안행정의 업무조정과 그 밖에 필요한 사항을 협의·조정하기 위하여 지방경찰청장 소속으로 치안행정 협의회를 둔다.
>
> ㉡ 치안행정협의회의 조직·운영과 그 밖에 필요한 사항은 대통령령으로 정한다.
>
> ㉢ 협의회는 위원장을 포함한 위원 9인으로 구성한다.
>
> ㉣ 위원장은 지방경찰청장이 된다.

① 1개          ② 2개          ③ 3개          ④ 4개

**6.** 「경찰법」에 대한 설명 중 틀린 것은 모두 몇 개인가?

> ㉠ 경찰위원회 위원은 안전행정부장관의 제청으로 국무총리를 거쳐 대통령이 임명한다.
> ㉡ 경찰청장은 경찰위원회의 동의를 받아 안전행정부장관의 제청으로 국무총리를 거쳐 대통령이 임명한다. 이 경우 국회의 인사청문을 거쳐야 한다.
> ㉢ 경찰청장의 임기는 2년으로 하고, 중임할 수 없다.
> ㉣ 경찰청장이 직무를 집행하면서 헌법이나 법률을 위배하였을 때에는 국회는 탄핵 소추를 의결할 수 있다.
> ㉤ 경찰서에 경찰서장을 두며, 경찰서장은 경무관, 총경 또는 경정으로 보한다.

① 없음　② 1개　③ 2개　④ 3개

**7.** 「경찰관직무집행법」에 대한 설명 중 가장 적절하지 않은 것은?

① 흥행장·여관·음식점·역 기타 다수인이 출입하는 장소의 관리자 또는 이에 준하는 관계인은 그 영업 또는 공개시간 내에 경찰관이 범죄의 예방 또는 인명·신체와 재산에 대한 위해예방을 목적으로 그 장소에 출입할 것을 요구한 때에는 정당한 이유 없이 이를 거절할 수 없다.

② 경찰관은 범인의 체포·도주의 방지 또는 불법집회·시위로 인하여 자기 또는 타인의 생명·신체와 재산 및 공공시설안전에 대한 현저한 위해의 발생을 억제하기 위하여 부득이한 경우 현장책임자의 판단으로 필요한 최소한의 범위 안에서 분사기(총포·도검·화약류등단속법의 규정에 의한 분사기와 최루 등의 작용제) 또는 최루탄을 사용할 수 있다.

③ 경찰서 및 지구대, 지방해양경찰관서에 법률이 정한 절차에 따라 체포·구속되거나 신체의 자유를 제한하는 판결 또는 처분을 받은 자를 수용하기 위하여 유치장을 둔다.

④ 경찰관은 범죄행위가 목전에 행하여지려고 하고 있다고 인정될 때에는 이를 예방하기 위하여 관계인에게 필요한 경고를 발하고, 그 행위로 인하여 인명·신체에 위해를 미치거나 재산에 중대한 손해를 끼칠 우려가 있어 긴급을 요하는 경우에는 그 행위를 제지할 수 있다.

**8.** 「경찰관직무집행법」상 불심검문에 대한 설명 중 가장 적절하지 않은 것은?

① 경찰관은 수상한 거동 기타 주위의 사정을 합리적으로 판단하여 어떠한 죄를 범하였거나 범하려 하고 있다고 의심할 만한 상당한 이유가 있는 자 또는 이미 행하여진 범죄나 행하여지려고 하는 범죄행위에 관하여 그 사실을 안다고 인정되는 자를 정지시켜 질문할 수 있다.

② 그 장소에서 위①번의 질문을 하는 것이 당해인에게 불리하거나 교통의 방해가 된다고 인정되는 때에는 질문하기 위하여 부근의 경찰서·지구대·파출소 또는 출장소(지방해양경찰관서를 포함한다)에 동행할 것을 요구할 수 있다. 이 경우 당해인은 경찰관의 동행요구를 거절할 수 없다.

③ 경찰관은 위 ①번에 규정된 자에 대하여 질문을 할 때에 흉기의 소지여부를 조사할 수 있다.

④ 위 ①번의 경우에 당해인은 형사소송에 관한 법률에 의하지 아니하고는 신체를 구속당하지 아니하며, 그 의사에 반하여 답변을 강요당하지 아니한다.

**9.** 「범죄인 인도법」 제7조에서 규정하고 있는 절대적 인도거절 사유로 볼 수 없는 것은 모두 몇 개인가?

> ⊙ 범죄인이 대한민국 국민인 경우
> ⓒ 범죄인이 인종, 종교, 국적, 성별, 정치적 신념 또는 특정 사회단체에 속한 것 등을 이유로 처벌되거나 그 밖의 불리한 처분을 받을 염려가 있다고 인정되는 경우
> ⓒ 인도범죄의 전부 또는 일부가 대한민국 영역에서 범한 것인 경우
> ② 범죄인이 인도범죄에 관하여 제3국(청구국이 아닌 외국을 말한다)에서 재판을 받고 처벌되었거나 처벌받지 아니하기로 확정된 경우

① 1개     ② 2개     ③ 3개     ④ 4개

**10.** 「경찰 감찰 규칙」에 대한 설명 중 가장 적절하지 않은 것은?

① 감찰관은 심야(자정부터 오전 6시까지를 말한다)에 조사를 하여서는 아니 된다. 다만, 사안에 따라 신속한 조사가 필요하고, 조사대상자로부터 심야조사 동의서를 받은 경우에는 심야에도 조사할 수 있다.

② 감찰관은 상급 경찰기관장의 지시에 따라 일정기간 동안 소속 경찰기관이 아닌 다른 경찰기관의 소속 직원의 복무실태, 업무추진 실태 등을 점검할 수 있다.

③ 감찰관은 다른 경찰기관 또는 검찰, 감사원 등 다른 행정기관으로부터 통보받은 소속직원의 의무위반행위에 대해서는 통보받은 날로부터 2개월 이내에 신속히 처리하여야 한다.

④ 감찰관은 소속 경찰기관의 관할구역 안에서 활동하는 것을 원칙으로 한다. 다만, 필요한 경우에는 관할구역 밖에서도 활동할 수 있다.

## 2013년 제1차 경찰공무원(순경) 채용시험 문제

**1.** 경찰부패이론에 대한 다음 설명 중 가장 적절하지 않은 것은?

① 전체사회가설은 윌슨이 주장한 이론으로서 시카고 시민이 경찰을 부패 시켰다고 주장하면서 시민사회의 부패가 경찰부패의 주원인이라고 보 는 이론이다.

② 구조원인가설은 신참 경찰관들이 그들의 고참 동료들에 의해 조직의 부패전통 내에서 사회화됨으로써 부패의 길로 들어선다는 이론이다.

③ 썩은사과가설은 부패의 원인은 자질이 없는 경찰관들이 모집단계에서 배제되지 못하고 조직내에 유입됨으로써 경찰의 부패가 나타난다는 이 론이다.

④ 미끄러지기 쉬운 경사로 이론은 니더호퍼, 로벅, 바커 등이 주장한 이 론으로 사회전체가 경찰의 부패를 묵인하거나 조장할 때 경찰관은 자 연스럽게 부패행위를 하게 되며, 처음 단계에는 설령 불법적인 행위를 하지 않더라도 작은 호의와 같은 것에 길들여져 나중에는 명백한 부정 부패로 빠져들게 된다는 이론이다.

**2.** 갑오개혁부터 한일합병 이전의 경찰역사에 대한 다음 설명 중 가 장 적절한 것은?

① 경찰에 관한 조직법적·작용법적 근거가 마련되어 외형상 근대국가적 경찰체제가 갖추어졌다고 볼 수 있다.

② 일본각의의 결정에 따라 김홍집 내각은 경찰을 내무아문에 창설하였으 나, 곧 법무아문으로 소속을 변경시켰다.

③ 경무청관제직장에 의해 당시의 좌우포도청을 합하여 경부를 신설하였다.

④ 일본의 행정경찰규칙과 위경죄즉결례를 혼합하여 우리나라 최초의 조 직법인 행정경찰장정을 제정하였다.

**3.** 「경찰법」상 경찰위원회에 대한 다음 설명 중 가장 적절하지 않은 것은?

① 경찰위원회는 위원장 1명을 포함한 9명의 위원으로 구성하되, 위원장 및 7명의 위원은 비상임(非常任)으로 하고, 1명의 위원은 상임(常任)으로 한다. 위원장은 정무직으로 한다.

② 경찰위원회 위원의 임기는 3년으로 하며, 연임(連任)할 수 없다. 이 경우 보궐위원의 임기는 전임자 임기의 남은 기간으로 한다.

③ 경찰위원회 위원은 중대한 신체상 또는 정신상의 장애로 직무를 수행할 수 없게 된 경우를 제외하고는 그 의사에 반하여 면직되지 아니한다.

④ 경찰, 검찰, 국가정보원 직원 또는 군인의 직(職)에서 퇴직한 날부터 3년이 지나지 아니한 사람은 경찰위원회 위원이 될 수 없다.

**4.** 경찰관청의 권한의 위임과 대리에 대한 다음 설명 중 가장 적절하지 않은 것은?

① 권한의 위임은 경찰관청이 그의 권한의 일부를 다른 경찰기관에 이전하여 수임기관의 권한으로, 그 수임기관이 자기의 명의와 책임으로 행사하게 하는 것을 말한다.

② 권한의 위임은 법령상의 근거가 필요없다.

③ 권한의 위임은 권한의 전부 또는 주요부분에 대하여는 위임이 허용되지 않는다.

④ 대리기관은 피대리관청을 위한 것임을 표시하고 자신(대리기관)의 명의로 대리한다.

**5.** 다음은 「경찰공무원법」상 경찰공무원의 정년에 대한 내용이다. 다음 각 (  )에 해당하는 숫자의 합은?

> ㉠ 계급정년은 치안감 4년, 총경 (  )년이다.
> ㉡ 수사, 정보, 외사, 보안 등 특수 부문에 근무하는 경찰공무원으로서 대통령령으로 정하는 바에 따라 지정을 받은 사람은 총경 및 경정의 경우에는 (  )년의 범위에서 대통령령으로 정하는 바에 따라 계

급정년을 연장할 수 있다.
ⓒ 경찰청장 또는 해양경찰청장은 전시, 사변이나 그 밖에 이에 준하
는 비상사태에서는 (  )년의 범위에서 계급정년을 연장할 수 있다.

① 11          ② 15          ③ 16          ④ 17

## 6. 「경찰청 공무원 행동강령」에 대한 다음 설명 중 가장 적절하지 않은 것은?

① 공무원은 자신이 수행하는 직무가 4촌 이내의 친족(「민법」 제767조에 따른 친족을 말한다. 이하 같다)이 직무관련자인 경우에는 그 직무의 회피 여부 등에 관하여 직근 상급자 또는 행동강령책임관과 상담한 후 처리하여야 한다. 다만, 소속 기관의 장이 공정한 직무수행에 영향을 받지 아니한다고 판단하여 정하는 단순 민원업무의 경우에는 그러하지 아니하다.

② 위①번에 따라 상담요청을 받은 직근 상급자 또는 행동강령책임관은 해당 공무원이 그 직무를 계속 수행하는 것이 적절하지 아니하다고 판단되면 소속 기관의 장에게 보고하여야 한다. 다만, 직근 상급자가 그 권한의 범위에서 그 공무원의 직무를 일시적으로 재배정할 수 있는 경우에는 그 직무를 재배정하고 소속 기관의 장에게 보고하지 아니할 수 있다.

③ 공무원은 대가를 받고 세미나, 공청회, 토론회, 발표회, 심포지엄, 교육과정, 회의 등에서 강의, 강연, 발표, 토론, 심사, 평가, 자문, 의결 등을 할 때에는 미리 외부강의·회의 등의 요청자, 요청 사유, 장소, 일시 및 대가를 외부강의 등 신고서에 따라 소속 기관의 장에게 신고하여야 한다. 다만, 외부강의·회의 등의 요청자가 국가나 지방자치단체(그 소속기관을 포함한다)인 경우는 그러하지 아니하다.

④ 공무원은 직무관련자 또는 직무관련공무원(4촌 이내의 친족을 포함한다)에게 금전을 빌리거나 빌려주어서는 아니 되며 부동산을 무상으로 대여 받아서는 아니 된다. 다만, 「금융실명거래 및 비밀보장에 관한 법률」 제2조에 따른 금융기관으로부터 통상적인 조건으로 금전을 빌리는 경우는 제외한다.

**7.** 「경찰관직무집행법」상 다음 설명 중 가장 적절하지 않은 것은?

① 경찰관서의 장은 대간첩작전수행 또는 소요사태의 진압을 위하여 필요하다고 인정되는 상당한 이유가 있을 때에는 대간첩작전지역 또는 경찰관서·무기고 등 국가중요시설에 대한 접근 또는 통행을 제한하거나 금지할 수 있다.

② 경찰관은 범죄행위가 목전에 행하여지려고 하고 있다고 인정될 때에는 이를 예방하기 위하여 관계인에게 필요한 경고를 발하고, 그 행위로 인하여 인명·신체에 위해를 미치거나 재산에 중대한 손해를 끼칠 우려가 있어 긴급을 요하는 경우에는 그 행위를 제지할 수 있다.

③ 경찰관은 직무수행에 필요하다고 인정되는 상당한 이유가 있을 때에는 국가기관 또는 공사단체 등에 대하여 직무수행에 관련된 사실을 조회할 수 있다. 다만, 긴급을 요할 때에는 사실을 확인 후 당해 기관 또는 단체의 장에게 추후 통보해야 한다.

④ 경찰관은 미아를 인수할 보호자의 여부, 유실물을 인수할 권리자의 여부 또는 사고로 인한 사상자를 확인하기 위하거나 행정처분을 위한 교통사고조사상의 사실을 확인하기 위하여 필요한 때에는 관계인에게 출석을 요하는 사유·일시 및 장소를 명확히 한 출석요구서에 의하여 경찰관서에 출석할 것을 요구할 수 있다.

**8.** 「경찰관직무집행법」 제10조의4(무기의 사용)에 대한 다음 설명 중 가장 적절하지 않은 것은?

① 경찰관은 범인의 체포·도주의 방지, 자기 또는 타인의 생명·신체에 대한 방호, 공무집행에 대한 항거의 억제를 위하여 필요하다고 인정되는 상당한 이유가 있을 때에는 그 사태를 합리적으로 판단하여 필요한 한도 내에서 무기를 사용할 수 있다.

② 범인 또는 소요행위자가 무기·흉기 등 위험한 물건을 소지하고 경찰관으로부터 3회 이상의 투기명령 또는 투항명령을 받고도 이에 불응하면서 계속 항거하여 이를 방지 또는 체포하기 위하여 무기를 사용하지 아니하고는 다른 수단이 없다고 인정되는 상당한 이유가 있을 때 무기를 사용할 수 있다.

③ 대간첩작전수행에 있어 무장간첩이 경찰관의 투항명령을 받고도 이에 불응하는 경우에 무기를 사용할 수 있다.

④ 무기라 함은 인명 또는 신체에 위해를 가할 수 있도록 제작된 권총·소총·도검·경찰봉·최루탄 등을 말한다.

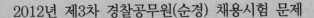

## 2012년 제3차 경찰공무원(순경) 채용시험 문제

**1.** 경찰의 분류에 관한 설명 중 가장 적절하지 않은 것은?

① 경찰권 발동시점을 기준으로 분류하는 경우 예방경찰과 진압경찰로 구분된다.

② 공공의 안녕과 질서에 대한 위해의 정도 및 담당기관으로 분류하는 경우 평시경찰과 비상경찰로 구분된다.

③ 경찰활동의 질과 내용을 기준으로 분류하는 경우 질서경찰과 봉사경찰로 구분된다.

④ 권한과 책임의 소재를 기준으로 분류하는 경우 보안경찰과 협의의 행정경찰로 구분된다.

**2.** 사회계약설로부터 도출되는 경찰활동의 기준(코헨과 펠드버그)에 대한 다음 설명 중 가장 적절하지 않은 것은?

① 음주단속을 하던 경찰이 동료경찰관을 적발하고도 동료라는 이유로 눈감아 주었다면 '공공의 신뢰'를 저해하는 편들기에 해당한다.

② 탈주범이 자기 관내에 있다는 첩보를 입수하고도 이를 상부에 보고하지 않고, 단독으로 검거하려다 실패했다면 '협동과 팀워크'에 위배된다.

③ 경찰이 직무수행 과정에서 적법절차를 준수하고, 권한을 남용하거나 물리력을 과도하게 사용해서는 아니 되며, 오직 시민의 신뢰에 합당한 방식으로 권한을 행사하는 것은 '공공의 신뢰'에 해당한다.

④ '시민의 생명과 재산의 안전보호'가 사회계약의 목적이며, 법집행 자체가 사회계약의 궁극적인 목적은 아니다.

**3.** 훈령과 직무명령에 관한 다음 설명 중 적절하지 않은 것은 모두 몇 개인가?

> ㉠ 훈령은 상급관청이 하급관청의 권한 행사를 일반적으로 감독하기 위해 발하는 명령이고, 기관의 구성원이 변경되면 그 효력에 영향이 있으나, 상급공무원이 하급 공무원에게 발하는 직무명령은 그 직무명령을 수명한 하급공무원이 변경되어도 효력에 영향이 없다.
> ㉡ 훈령의 실질적 요건으로는 훈령권이 있는 상급관청이 발한 것일 것, 하급관청의 권한 내의 사항에 관한 것일 것, 하급관청의 직무상 독립성이 보장되지 않은 사항일 것이 있다.
> ㉢ 훈령은 원칙적으로 일반적·추상적 사항에 대해서 발하지만, 개별적·구체적 사항에 대해서도 발해질 수 있다.
> ㉣ 직무명령은 상급공무원이 직무에 관하여 하급공무원에게 발하는 명령이며, 직무와 관련 없는 사생활에는 효력이 미치지 않는다.

① 1개           ② 2개           ③ 3개           ④ 4개

**4.** 경찰공무원의 권리·의무에 관한 다음 설명 중 적절하지 않은 것은 모두 몇 개인가?

> ㉠ 공무 외에 영리를 목적으로 하는 업무에 종사하지 못하며, 소속 상관의 허가 없이 다른 직무를 겸할 수 없다.
> ㉡ 외국정부로부터 영예나 증여를 받을 경우에는 대통령의 허가를 받아야 한다.
> ㉢ 직무상 관계가 없을 때에는, 소속 상관에게 증여하거나 소속 공무원으로부터 증여를 받을 수 있다.
> ㉣ 무기휴대에 관해서는 경찰관직무집행법에 규정되어 있고, 무기사용에 관해서는 경찰공무원법에 규정되어 있다.

① 1개           ② 2개           ③ 3개           ④ 4개

**5.** 「경찰공무원 징계령」 규정상 다음 설명 중 가장 적절하지 않은 것은?

① 경찰공무원 중앙징계위원회는 경찰청 및 해양경찰청에 두고 경찰공무원 보통징계위원회는 경찰청, 해양경찰청, 지방경찰청, 지방해양경찰청, 경찰대학, 경찰교육원, 중앙경찰학교, 경찰수사연수원, 해양경찰학교, 경찰병원, 경찰서, 경찰기동대, 전투경찰대, 해양경찰서, 정비창, 경비함정 및 경찰청장 또는 해양경찰청장이 지정하는 경감 이상의 경찰공무원을 장으로 하는 기관에 둔다.

② 경찰공무원 중앙징계위원회는 위원장을 포함하여 5명 이상 7명 이하의 위원으로 구성하고, 경찰공무원 보통징계위원회는 위원장을 포함하여 3명 이상 7명 이하의 위원으로 구성한다.

③ 경찰공무원징계위원회의 위원장은 위원회 사무를 총괄하며 위원회를 대표하고, 표결권을 가진다.

④ 징계위원회가 징계등 심의 대상자의 출석을 요구할 때에는 별지 제2호 서식의 출석 통지서로 하되, 징계위원회 개최일 2일 전까지 그 징계등 심의 대상자에게 도달되도록 하여야 한다.

**6.** 징계의 종류와 효과에 관한 다음 설명 중 가장 옳은 것은?

① 징계에 의하여 파면 또는 해임처분을 받은 사람도 경찰공무원에 임용될 수 있다.

② 강등은 1계급 아래로 직급을 내리고(고위공무원단에 속하는 공무원은 3급으로 임용하고, 연구관 및 지도관은 연구사 및 지도사로 한다) 공무원신분은 보유하나 3개월간 직무에 종사하지 못하며 그 기간 중 보수의 3분의 2를 감한다.

③ 임용권자 또는 임용제청권자는 심사승진후보자명부에 등재된 자가 승진임용되기 전에 정직 이상의 징계처분을 받은 경우에는 심사승진후보자명부에서 이를 삭제할 수 있다.

④ 견책은 1월 이상 3월 이하의 기간 동안 보수의 3분의 1을 감한다.

# 7. 「경찰관직무집행법」상 다음 설명 중 적절하지 않은 것은 모두 몇 개인가?

⊙ 경찰관직무집행법 제2조 제6호는 기타 공공의 안녕과 위해의 방지를 직무범위로 규정하고 있다.

ⓛ 경찰서 및 지방해양경찰관서에 법률이 정한 절차에 따라 체포·구속되거나 신체의 자유를 제한하는 판결 또는 처분을 받은 자를 수용하기 위해 유치장을 둔다라고 규정하고 있다.

ⓒ 경찰관이 불심검문을 하기 위해 질문하거나 동행을 요구할 경우 경찰관은 당해인에게 구두로 소속과 성명만을 밝히면 된다.

ⓔ 경찰관은 현행범인인 경우와 사형·무기 또는 장기 3년 이상의 징역이나 금고에 해당하는 죄를 범한 범인의 체포·도주의 방지, 자기 또는 타인의 생명·신체에 대한 방호, 공무집행에 대한 항거의 억제를 위하여 필요하다고 인정되는 상당한 이유가 있을 때에는 그 사태를 합리적으로 판단하여 필요한 한도 내에서 경찰장구를 사용할 수 있다.

① 1개  ② 2개  ③ 3개  ④ 4개

# 8. 「국가공무원법」상 소청심사위원회에 관한 다음 설명 중 적절하지 않은 것은 모두 몇 개인가?

⊙ 행정기관 소속 공무원과 국회, 법원, 헌법재판소 및 선거관리위원회 소속 공무원의 소청에 관한 사항을 심사·결정하기 위해 행정안전부에 소청심사위원회를 둔다.

ⓛ 소청심사위원회 위원은 자격정지 이상의 형벌이나 장기의 심신쇠약으로 직무를 수행할 수 없게 된 경우 외에는 본인의 의사에 반하여 면직되지 아니한다.

ⓒ 소청사건의 결정은 재적위원 3분의2 이상의 출석과 출석위원 과반수의 합의에 따르되, 의견이 나눌 경우에는 출석위원 과반수에 이를 때까지 소청인에게 가장 불리한 의견에 차례로 유리한 의견을 더하여 그 중 가장 유리한 의견을 합의된 의견으로 본다.

ⓔ 소청심사위원회의 상임위원은 다른 직무를 겸할 수 없다.

① 1개　　　　② 2개　　　　③ 3개　　　　④ 4개

## 9. 「경찰공무원법」상 다음 설명 중 옳은 것은 모두 몇 개인가?

> ㉠ 경찰공무원은 그 직무의 종류에 따라 경과에 의하여 구분할 수 있
> 으며, 경과의 구분에 필요한 사항은 행정안전부령으로 정한다.
> ㉡ 휴직기간, 직위해제기간 및 징계에 의한 정직처분 또는 감봉처분을
> 받은 기간은 시보임용기간에 산입하지 아니한다.
> ㉢ 경찰공무원의 복제에 관한 사항은 대통령령으로 정한다.
> ㉣ 자격정지 이상의 형의 선고유예를 선고받고 그 유예기간 중에 있
> 는 경찰공무원은 당연퇴직 사유에 해당한다.
> ㉤ 국가공무원법과 경찰공무원법은 일반법과 특별법의 관계이다.

① 1개　　　　② 2개　　　　③ 3개　　　　④ 4개

1 ④, 2 ①, 3 ②, 4 ③, 5 ④, 6 ②, 7 ②, 8 ②, 9 ②

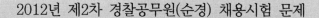

## 2012년 제2차 경찰공무원(순경) 채용시험 문제

**1.** 경찰개념에 관한 다음 설명 중 가장 적절하지 않은 것은?

① 경찰국가에서는 계몽철학을 사상적 기초로 하여, 소극적 치안유지 뿐만 아니라 적극적인 공공복리의 증진을 위한 강제력의 행사도 경찰의 개념에 포함되었다.

② 1794년 프로이센 일반란트법은 '공공의 평온, 안녕 및 질서를 유지하고 공중 및 개개 구성원들에 대한 절박한 위험을 방지하기 위하여 필요한 수단을 강구하는 것이 경찰의 책무이다'라고 규정하였다.

③ 비경찰화란 행정경찰의 영역에서 보안경찰 이외의 행정경찰사무, 즉 영업·건축·보건·위생경찰 등 협의의 행정경찰사무를 다른 행정관청의 사무로 이관하는 것을 의미한다.

④ 영미법계의 경찰개념은 자치권적 개념을 전제로 경찰과 시민과의 관계를 친화적·비례적·수평적 관계라 하며, 경찰의 역할 및 기능을 기준으로 형성된 개념이라 할 수 있다.

**2.** 한국 경찰의 역사에 관한 다음 설명 중 옳은 것은 모두 몇 개인가?

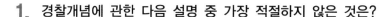

> ㉠ 포도청은 도적근절을 위해 성종 2년에 시작된 포도장제에서 기원한 것으로 중종 치세기에 포도청이란 명칭이 처음 사용되었으며, 그 임무는 도적을 잡고 야간순찰을 수행하는 것이었고 갑오개혁 때 한성부에 경부가 설치되면서 폐지되었다.
>
> ㉡ 1894년 갑오개혁 때 한국 최초의 경찰조직법인 행정경찰장정과 한국 최초의 경찰작용법인 경무청관제직장이 제정되었다.
>
> ㉢ 구한말 일본의 한국 경찰권 강탈의 과정은 '재한국외국인민에대한경찰에관한한일협정'-'경찰사무에관한취극서'-'한국사법및감옥사무위탁에관한각서'-'한국경찰사무위탁에관한각서'의 순서로 진행되었다.
>
> ㉣ 1953년 제정된 경찰관직무집행법에는 국민의 생명·신체·재산의 보호라는 영미법적인 사고가 반영되었다.
>
> ㉤ 1991년 경찰법 제정 이전에 경찰청장만이 경찰에서 유일한 행정관

> 청의 지위를 가지고 있었다.

① 1개      ② 2개      ③ 3개      ④ 없음

## 3. 다음 설명 중 가장 옳은 것은?

① 경찰행정주체를 위하여 경찰에 관한 국가의 의사를 결정하여 외부에 표시하는 권한을 가진 경찰행정기관을 경찰행정관청이라 하며 경찰청장, 지방경찰청장, 경찰서장, 지구대장이 이에 해당한다.

② 경찰행정에 관한 의사를 결정할 수 있지만 이를 자기의 명의로 표시할 권한이 없는 경찰행정기관을 경찰의결기관이라 하며 경찰위원회, 경찰공무원인사위원회가 있다.

③ 경찰청장은 경찰위원회의 심의·의결 사항이 적정하지 아니하다고 판단할 때에는 재의를 요구할 수 있다.

④ 경찰서장은 경무관, 총경 또는 경정으로 보한다.

## 4. 각 위원회에 관한 다음 설명 중 적절하지 않은 것은 모두 몇 개인가?

> ㉠ 경찰위원회 위원은 경찰청장의 제청으로 국무총리를 거쳐 대통령이 임명하고, 치안행정협의회 위원은 시·도지사가 위촉·임명한다.
>
> ㉡ 경찰위원회는 위원장 유고 시 상임위원, 위원 중 연장자 순으로 위원장의 직무를 대리하고, 치안행정협의회는 위원장 유고 시 위원장이 미리 지명한 자가 그 직무를 대행한다.
>
> ㉢ 경찰위원회 정기회의는 특별한 사유가 있는 경우를 제외하고는 매월 1회 위원장이 소집한다.
>
> ㉣ 행정안전부에 설치된 소청심사위원회는 위원장 1명을 포함한 5명 이상 7명 이내의 상임위원과 상임위원 수의 2분의 1 이상인 비상임위원으로 구성된다.
>
> ㉤ 행정안전부에 설치된 소청심사위원회의 위원장과 위원은 행정안전부장관의 임명제청으로 국무총리를 거쳐 대통령이 임명하고, 상임위원의 임기는 3년이며 한 번만 연임이 가능하다.

① 1개      ② 2개      ③ 3개      ④ 4개

## 5. 경찰공무원의 의무를 나열한 것이다. 다음 중 국가공무원법상 의무와 경찰공무원법상 의무의 개수를 바르게 짝지은 것은?

| | |
|---|---|
| ㉠ 법령준수의 의무 | ㉲ 복종의 의무 |
| ㉡ 비밀엄수의 의무 | ㉳ 품위유지의 의무 |
| ㉢ 집단행위금지의 의무 | ㉴ 재산등록과 공개의 의무 |
| ㉣ 제복착용의 의무 | ㉵ 청렴의 의무 |
| ㉤ 종교중립의 의무 | ㉶ 지휘권남용금지의 의무 |

① 국가공무원법상 의무 : 6개 – 경찰공무원법상 의무 : 4개

② 국가공무원법상 의무 : 7개 – 경찰공무원법상 의무 : 2개

③ 국가공무원법상 의무 : 7개 – 경찰공무원법상 의무 : 3개

④ 국가공무원법상 의무 : 6개 – 경찰공무원법상 의무 : 3개

## 6. 경찰관직무집행법에 관한 다음 설명 중 가장 적절하지 않은 것은?

① 경찰관직무집행법은 직무의 범위에 국민의 생명·신체 및 재산의 보호에 관한 규정을 명문으로 두고 있다.

② 경찰관직무집행법에 규정된 경찰관의 의무에 위반하거나 직권을 남용하여 다른 사람에게 해를 끼친 자는 1년 이하의 징역이나 금고에 처한다.

③ 미아, 병자, 부상자 등으로서 적당한 보호자가 없으며 응급구호를 요한다고 인정되는 자는 보호조치를 할 수 있다. 다만, 당해인이 이를 거절하는 경우에는 예외로 한다.

④ 경찰장구라 함은 경찰관이 휴대하여 범인검거와 범죄진압 등 직무수행에 사용하는 무기, 수갑, 포승, 경찰봉, 방패 등을 말한다.

## 7. 경찰조직 편성의 원리에 관한 다음 설명 중 가장 적절하지 않은 것은?

① 계층제의 원리는 조직구성을 각자가 맡은 임무의 기능 및 성질상의 차이로 구분하여 보수를 달리하는 통제체계의 수립을 위한 것이다.

② 일반적으로 조직의 규모가 클수록 통솔의 범위는 좁아지는데 반하여
조직의 규모가 작을수록 통솔의 범위는 넓어진다.

③ 분업의 원리는 다수가 일을 함에 있어서 각자의 임무를 나누어서 분명
하게 부과하고 협력을 하도록 하는 것으로, 인간능력의 한계를 극복하
고 업무를 효율적으로 수행하기 위한 것이다.

④ 둘 이상의 사람으로부터 지시나 명령을 받는 경우 서로 모순되는 지시
가 나오고, 이로 인해 집행하는 사람은 혼란을 겪게 되기 때문에 업무
수행의 혼선과 그로 인한 비능률을 막기 위해서 명령통일의 원칙이 요
구된다.

## 8. 징계에 관한 다음 설명 중 가장 옳은 것은?

① 징계란 공무원의 의무위반이 있는 경우 또는 비행이 있는 경우 공무원
내부관계의 질서유지를 위하여 특별권력관계가 아닌 일반통치권에 의
해 과해지는 제재이다.

② 국가공무원법이나 국가공무원법에 의한 명령을 위반하였을 경우, 직무
상의 의무를 위반하거나 직무를 태만히 한 경우, 직무수행능력이 부족
하거나 근무성적이 극히 나쁜 경우는 징계사유에 해당한다.

③ 징계에 관하여 다른 법률의 적용을 받는 공무원이 국가공무원법의 징
계에 관한 규정의 적용을 받는 공무원으로 임용된 경우에 임용 이전의
다른 법률에 따른 징계사유는 그 사유가 발생한 날부터 국가공무원법
에 따른 징계사유가 발생한 것으로 본다.

④ 경찰기관의 장은 소속 경찰공무원 중 징계사유가 있다고 인정한 때와
징계의결 요구의 신청을 받은 때에는 지체없이 관할 징계위원회를 구
성하여 징계의결을 요구할 수 있다.

## 9. 경찰예산 편성과 집행에 관한 다음 설명 중 적절하지 않은 것은 모두 몇 개인가?

㉠ 경찰청장은 매년 1월 31일까지 다음 회계연도부터 5회계연도 이상
의 기간 동안의 신규사업 및 기획재정부장관이 정하는 주요 계속사

업에 대한 중기사업계획서를 기획재정부장관에게 제출하여야 한다.

ⓛ 기획재정부장관은 국회의 심의를 거쳐 대통령의 승인을 얻은 다음 연도의 예산안편성지침을 매년 4월 30일까지 경찰청장에게 통보하여야 한다.

ⓒ 경찰청장은 예산안편성지침에 따라 그 소관에 속하는 다음 연도의 예산요구서를 작성하여 매년 6월 30일까지 기획재정부장관에게 제출하여야 한다.

ⓔ 경찰청장은 예산요구서에 따라 예산안을 편성하여 국무회의 심의와 대통령의 승인을 얻은 후 회계연도 개시 90일 전까지 국회에 제출하여야 한다.

① 1개            ② 2개            ③ 3개            ④ 4개

## 10. 경찰통제에 관한 다음 설명 중 가장 적절하지 않은 것은?

① 국회는 경찰 관련 법률제정, 예산심의, 국정조사 등 다양한 장치들을 통해 경찰을 통제할 수 있다.

② 법원은 법적 쟁송사건에 대한 재판권을 통해 경찰활동을 통제하는 바, 법원의 판례법이 법의 근간을 이루는 영미법계에서 대륙법계보다 강력한 통제장치로 작용한다.

③ 경찰에 대한 사전통제를 규정하고 있는 기본법은 행정절차법이라 할 수 있고, 사전통제제도에는 청문, 행정상 입법예고, 상급기관의 하급기관에 대한 감사권 등이 있다.

④ 상급기관이 하급기관에 대하여 지시권이나 감독권 등의 훈령권을 행사함으로써 하급기관의 위법이나 재량권 행사의 오류를 시정하는 등 통제를 가할 수 있다.

## 2012년 제1차 경찰공무원(순경) 공채 시험 문제

**1.** 경찰의 개념에 관한 다음 내용 중 가장 적절하지 않은 것은?

① 형식적 의미의 경찰은 실정법상 보통경찰기관의 직무와 관련이 있으며, 실질적 의미의 경찰은 본질적으로 타인의 자유와 행동을 제한하고 규제하는 것과 관련이 있다.

② 형식적 의미의 경찰 중에서 경찰활동의 질과 내용을 기준으로 질서경찰과 봉사경찰로 구분할 수 있으며, 범죄수사 및 진압은 질서경찰에 포함되고, 교통정보제공이나 청소년 선도 등은 봉사경찰의 개념에 포함된다.

③ 경찰청의 분장사무처럼 사회공공의 안녕과 질서를 유지하기 위하여 다른 행정작용을 동반하지 아니하고 오로지 경찰작용만으로 행정의 일부분을 구성하는 경우를 보안경찰이라 하고, 건축경찰 또는 위생경찰처럼 다른 행정작용과 결합하여 특별한 사회적 이익의 보호를 목적으로 하면서 그 부수작용으로서 사회공공의 안녕과 질서를 유지하기 위한 경찰작용을 협의의 행정경찰이라 한다.

④ 행정경찰과 사법경찰의 구분은 삼권분립의 사상에 투철했던 프랑스에서 확립된 것이며, 그 영향을 받아 우리나라에서는 조직법상으로 행정경찰과 사법경찰의 구분이 명확하다.

**2.** 다음 중 경찰공무원 임용시 결격사유에 해당하는 것은 모두 몇 개인가?

> ㉠ 파산선고를 받고 복권되지 아니한 사람
> ㉡ 징계에 의하여 파면 또는 해임처분을 받은 사람
> ㉢ 국적법 제11조의2 제1항에 따른 복수국적자
> ㉣ 자격정지 이상의 형의 선고유예를 선고받고 그 유예기간 중에 있는 사람
> ㉤ 자격정지 이상의 형(刑)을 선고받은 사람
> ㉥ 금치산자 또는 한정치산자

① 3개　　　　② 4개　　　　③ 5개　　　　④ 6개

**3.** 다음의 내용은 경찰조직편성의 원리 중 무엇에 관한 설명인가?

> 한 사람의 감독자가 직접 감독할 수 있는 부하의 수는 일정한 한도로 제한해 줄 필요가 있다. 한 사람이 직접적으로 감독할 수 있는 부하의 수는 업무의 성질, 고용기술, 작업성과 기준에 달려 있으며, 모든 조직은 일반적으로 상관보다 부하가 더 많다. 이러한 이유 때문에 경찰 조직은 사다리 모양 보다는 피라미드 모양을 취하고 있다.

① 통솔범위의 원리　　　　　② 전문화의 원리
③ 계층제의 원리　　　　　　④ 명령통일의 원리

**4.** 「경찰공무원징계령」에 따른 경찰공무원 징계에 관한 다음 설명 중 가장 적절하지 않은 것은 ?

① 경찰공무원보통징계위원회는 해당 징계위원회가 설치된 경찰기관 소속 경감 이하의 경찰공무원에 대한 징계사건을 심의·의결한다.
② 경찰공무원중앙징계위원회는 총경 및 경정에 대한 징계사건을 심의·의결한다.
③ 경찰공무원중앙징계위원회는 위원장을 포함한 위원 5인 이상 7인 이하로, 경찰공무원보통징계위원회는 위원장을 포함한 위원 3인 이상 7인 이하로 구성한다.
④ 징계위원회의 위원은 징계심의대상자보다 상위계급의 경감 이상의 소속 경찰공무원 중에서 당해 경찰기관의 장이 임명한다.

**5.** 다음은 경찰공무원의 승진에 관한 내용이다. 틀린 것은 모두 몇 개인가?

> ㉠ 경찰공무원의 승진방법에는 시험승진, 심사승진, 특별승진, 근속승진이 있다.
> ㉡ 경정이하 계급의 경우 시험성적으로 승진할 수 있는 인원은 계급별 승진임용 예정인원의 6할이다.
> ㉢ 시험으로 승진할 수 있는 계급은 총경까지이다.
> ㉣ 순경, 경장, 경사의 승진소요 최저근무연수는 각각 6년, 7년, 8년이다.
> ㉤ 일정한 계급에서 일정기간 근무하면 승진임용 제한사유에 해당하지 않는 한 경정까지 승진할 수 있다.

① 2개          ② 3개          ③ 4개          ④ 5개

**6.** 행정관청의 권한의 위임, 대리, 대결에 관한 다음 지문 중 틀린 것은 모두 몇 개인가?

> ㉠ 권한의 위임이란 상급관청이 하급관청에 권한의 전부 또는 주요부분을 이전하여 수임기관의 권한으로 행하도록 하는 것이다.
> ㉡ 대결은 법령상의 근거를 요하지 않으며, 외부에 대한 관계에서는 본래 행정청의 이름으로 표시하여 행한다.
> ㉢ 원칙적으로 임의대리는 권한의 전부에 대해서 가능하고 복대리가 불가능하나, 법정대리는 권한의 일부에 대해서만 가능하고 복대리가 가능하다.
> ㉣ 권한의 위임의 효과는 수임관청에게 귀속되고, 권한의 대리의 효과는 대리관청에게 귀속된다.
> ㉤ 법정대리의 경우 피대리관청은 대리기관의 지휘·감독상의 책임을 지는데 비해 임의대리의 경우는 그렇지 않다.
> ㉥ 권한의 위임은 수임기관이 자기명의로 권한을 행사하지만, 권한의 대리는 대리관청을 위한 것임을 표시하여 피대리기관 명의로 권한을 행사한다.

① 3개          ② 4개          ③ 5개          ④ 6개

**7.** 다음 중 경찰공무원 시보임용에 관하여 옳은 것으로 짝지어진 것은?

> ㉠ 시보임용은 시험으로 알아내지 못한 점을 검토해보고 직무를 감당할 능력이 있는가를 알아보는데 그 목적이 있다.
> ㉡ 시보임용 중에 있는 경찰공무원은 근무성적이나 교육훈련성적이 현저히 불량하고, 앞으로 경찰공무원으로 근무하기에 부적당한 때에는 징계절차를 거쳐야만 면직시킬 수 있다.
> ㉢ 퇴직한 경찰공무원으로서 퇴직시에 재직하였던 계급의 채용시험에 합격한 사람을 재임용하는 경우 시보임용을 거치지 아니한다.
> ㉣ 경정이하의 경찰공무원을 신규채용 할 때에는 1년간 시보로 임용하고, 그 기간이 만료되는 날 정규 경찰공무원으로 임용한다.

① ㉠,㉡　　② ㉠,㉢　　③ ㉢,㉣　　④ ㉡,㉣

**8.** 예산에 관한 다음 설명 중 가장 적절하지 않은 것은?

① 예산집행의 신축성을 부여하고 예산 불성립으로 인한 행정중단의 방지를 도모하고자 회계연도 개시 전까지 예산의 불성립시에 전년도 예산에 준하여 지출하는 예산제도를 '준예산'이라고 한다.

② 예산편성시 전년도 예산을 기준으로 점증적으로 예산액을 책정하는 폐단을 시정하려는 목적에서 유래된 것이 '영기준예산'이다.

③ 특별회계는 원칙적으로 설치 소관부서가 관리하며 기획재정부의 직접적인 통제를 받지 않는다.

④ 경찰예산의 대부분은 특별회계에 속한다.

**9.** 다음은 경찰위원회와 관련된 내용이다. 틀린 것은 모두 몇 개인가?

> ㉠ 경찰위원회의 설치 근거는 경찰법이다.
> ㉡ 경찰위원회는 위원장 1인을 포함하여 9인의 위원으로 구성된다.
> ㉢ 위원은 국무총리의 제청으로 대통령이 임명한다.

ⓒ 위원의 임기는 2년이며 연임할 수 없다.
ⓜ 경찰청장은 경찰위원회 위원장에게 임시회의 소집을 요구할 수 있다.
ⓗ 위원 중 2명은 법관의 자격이 있는 사람이어야 한다.
ⓢ 심의·의결사항에는 국가경찰 임무와 관련하여 다른 국가기관으로부터의 업무협조 요청에 관한 사항도 포함된다.

① 3개          ② 4개          ③ 5개          ④ 6개

## 2010년 제2차 경찰공무원 순경 채용시험 문제

**1.** 경찰개념의 형성 및 역사적 변천과정에 대한 설명 중 옳지 않은 것은 모두 몇 개인가?

> ㉠ 고대에서의 경찰개념은 라틴어의 politia에서 유래한 것으로, 도시국가의 국가작용 가운데 '정치'를 제외한 일체의 영역을 의미하였다.
> ㉡ 경찰국가시대에는 적극적인 공공복리의 증진을 위해서도 강제력을 행사할 수 있었다.
> ㉢ 제2차 세계대전 이후 독일에서는 보안경찰을 포함한 영업·위생·건축 등의 협의의 행정경찰사무를 일반행정기관의 사무로 이관하는 이른바 비경찰화 과정이 이루어졌다.
> ㉣ 경찰의 임무는 소극적인 위험방지에 한정된다고 하는 사상이 법해석상 확정되는 계기가 된 것은 띠톱판결이다.

① 1개     ② 2개     ③ 3개     ④ 4개

**2.** 경찰의 기본적 임무 중 '공공의 안녕과 질서에 대한 위험의 방지'에 관한 설명으로 가장 옳지 않은 것은?

① 공공의 안녕이란 국가 등 집단과 관련되어 있음은 물론 개인과도 관련되어 있는 이중적 개념이다.
② 위험은 보호를 받게 되는 법익에 대해 필수적으로 존재해야 하는 것은 아니다.
③ 가벌성의 범위 내에 이르지 않았더라도 국민의 자유와 권리를 침해하지 않는 범위 내에서 기본적인 경찰활동이 가능하다.
④ 사유재산적 가치 또는 무형의 권리는 보호의 대상이 아니다.

**3.** 경찰부패(일탈)와 관련된 여러 견해에 대한 설명 중 가장 옳지 않은 것은?

① 셔먼의 '미끄러운 경사로 이론'은 부패에 해당되지 않는 작은 호의가 습관화 될 경우에 미끄러운 경사로를 타고 내려오듯이 점점 더 큰 부패와 범죄로 빠진다는 이론이다.

② 윌슨은 '전체사회가설'에서 시카고 시민이 경찰을 부패시켰다고 주장하였는데, 이는 시민사회의 부패가 경찰부패의 주원인이라고 보는 이론이다.

③ '내부고발(휘슬블로잉)'이란 경찰관이 동료나 상사의 부정부패에 대하여 감찰에 알리거나 외부의 언론매체에 대하여 공표하는 것을 의미하며, 이는 '침묵의 규범'과 반대되는 개념이다.

④ 니더호퍼, 로벅, 바커 등이 제시한 '구조원인가설'은 부패의 원인은 자질이 없는 경찰관들이 모집단계에서 배제되지 않고 조직 내에 유입됨으로써 경찰의 부패가 나타난다는 이론이다.

**4.** 내무부 산하의 치안국 시대에 이루어진 것이 아닌 것은?

① 경찰관 해외주재관 제도의 신설
② 경찰병원의 설치
③ 중앙경찰위원회의 설치
④ 경정·경장의 2계급 신설

**5.** 경찰공무원의 신규임용에 있어서 채용후보자명부에 관한 설명 중 옳지 않은 것은 모두 몇 개인가?

> ㉠ 채용후보자명부의 유효기간은 1년의 범위 안에서 대통령령으로 정하나, 경찰청장 또는 해양경찰청장은 필요에 따라 1년의 범위 안에서 그 기간을 연장할 수 있으므로 최장 유효기간은 2년이다.
> ㉡ 경찰청장 또는 해양경찰청장은 신규채용시험에 합격한 자를 대통령령이 정하는 바에 의하여 성적순위에 따라 채용후보자명부에 등재하여야 한다.
> ㉢ 경찰공무원의 신규채용은 채용후보자명부의 등재순위에 의한다.

> 다만, 채용후보자가 경찰교육기관에서 신임교육을 받은 때에는 그 교육성적순위에 의한다.
> ② 채용후보자등록을 하지 아니한 자는 경찰공무원으로 임용될 의사가 없는 것으로 본다.

① 1개          ② 2개          ③ 3개          ④ 4개

## 6. 다음 설명 중 옳지 않은 것은 모두 몇 개인가?

> ③ 경찰청장은 퇴직일로부터 2년 이내에는 정당의 발기인이나 당원이 될 수 없다.
> ⓒ 경찰위원회 위원 중 상임위원은 정무직으로 한다.
> ⓒ 경찰청장은 경찰위원회의 동의를 얻어 행정안전부장관의 제청으로 국무총리를 거쳐 대통령이 임명한다. 이 경우 국회의 인사청문을 거쳐야 한다.
> ② 지방경찰청장은 업무수행에 있어 시·도지사의 지휘·감독을 받는다.

① 1개          ② 2개          ③ 3개          ④ 4개

## 7. 공직분류 기준에 대한 설명으로 가장 옳지 않은 것은?

① 계급제는 인간중심의 분류방법으로 관료제의 전통이 강한 나라에서 채택하고 있다.
② 계급제는 폐쇄형 충원방식을 통해 직업공무원제 정착에 기여한다.
③ 직위분류제는 동일한 직무를 장기간 담당하게 되어 행정의 전문화에 유용하나, 권한과 책임의 한계가 불명확하다는 단점이 있다.
④ 직위분류제는 시험·채용·전직 등의 합리적 기준을 제공하여 인사행정의 합리화를 기한다.

**8.** 경찰공무원의 직권면직 사유 중 징계위원회의 동의를 얻어야 하는 경우는?

① 당해 경과에서 직무를 수행하는데 필요한 자격증의 효력이 상실되거나 면허가 취소되어 담당 직무를 수행할 수 없게 된 때

② 직제와 정원의 개폐 또는 예산의 감소 등에 의하여 폐직 또는 과원이 되었을 때

③ 휴직기간이 끝나거나 휴직사유가 소멸된 후에도 직무에 복귀하지 아니하거나 직무를 감당할 수 없을 때

④ 인격장애, 알코올·약물중독 그 밖의 정신장애로 인하여 경찰업무를 감당할 수 없는 경우

**9.** 경찰관직무집행법과 관련된 설명 중 옳지 않은 것은?

① 경찰관직무집행법은 직무의 범위에 치안정보의 수집·작성 및 배포에 관한 규정을 명문으로 두고 있지는 않다.

② 경찰관직무집행법에는 유치장의 설치와 관련하여 근거규정이 있다.

③ 경찰관은 미아를 인수할 보호자의 여부, 유실물을 인수할 권리자의 여부 또는 사고로 인한 사상자를 확인하기 위하거나 행정처분을 위한 교통사고조사상의 사실을 확인하기 위하여 필요한 때에는 관계인에게 출석을 요구할 수 있다.

④ 경찰관직무집행법에 규정된 경찰관의 의무에 위반하거나 직권을 남용하여 다른 사람에게 해를 끼친 자는 1년 이하의 징역이나 금고에 처한다.

**10.** 경찰예산에 대한 설명으로 가장 옳은 것은?

① 예산제도에 있어서 일몰법이란 특정의 행정기관이나 사업이 일정기간 경과하면 의무적·자동적으로 폐지되게 하는 것으로 행정부에서 제정한다.

② 계획예산(PPBS)제도는 회계책임이 명확해지고, 인사행정에 유용한 정보와 자료를 제공할 수 있다는 장점이 있다.

③ 이미 예산으로 승인된 사업의 계속비는 헌법에서 보장하고 있는 준예산의 지출용도에 포함된다.

④ 예산집행상의 필요에 따라 미리 예산으로써 국회의 의결을 얻은 때에 기획재정부장관의 승인을 얻거나 기획재정부장관이 위임하는 범위 안에서 장·관·항간에 예산금액을 상호 이용하는 것을 예산의 전용이라 한다.

**11.** 다음 위원회 중 의결정족수가 원칙적으로 '재적위원 2/3이상 출석과 출석위원 과반수 찬성'인 것으로 묶인 것은?

| ㉠ 경찰위원회 | ㉡ 소청심사위원회 |
| ㉢ 경찰공무원인사위원회 | ㉣ 경찰공무원 정규임용심사위원회 |

① ㉠, ㉡        ② ㉡, ㉣        ③ ㉡, ㉢        ④ ㉢, ㉣

**12.** 공공기관의 정보공개에 대한 다음 설명 중 옳은 것은?

① 모든 국민은 정보의 공개를 청구할 권리를 가진다. 그러나 외국인은 정보의 공개를 청구할 수 없다.

② 공공기관은 정보공개의 청구가 있는 때에는 청구를 받은 날부터 10일 이내에 공개여부를 결정하여야 하며, 정보공개를 청구한 날부터 30일 이내에 공공기관이 공개여부를 결정하지 아니한 때에는 비공개의 결정이 있는 것으로 본다.

③ 공공기관의 비공개 또는 부분공개의 결정에 대하여 불복이 있는 때에는 결정통지를 받은 날부터 30일 이내에 이의신청을 할 수 있다. 이 때 청구인은 이의신청절차를 거치지 아니하고 행정심판을 청구할 수 있다.

④ 공공기관은 공개청구된 공개대상정보의 전부 또는 일부가 제3자와 관련이 있다고 인정되는 때에는 그 사실을 제3자에게 통지하여야 하며, 그 사실을 통지받은 제3자는 통지받은 날부터 5일 이내에 당해 공공기관에 대하여 자신과 관련된 정보를 공개하지 않을 것을 요청할 수 있다.

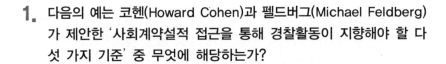

1. 다음의 예는 코헨(Howard Cohen)과 펠드버그(Michael Feldberg)가 제안한 '사회계약설적 접근을 통해 경찰활동이 지향해야 할 다섯 가지 기준' 중 무엇에 해당하는가?

> 내가 TV를 잃어버렸고, 옆집에 사는 사람이 의심스럽다고 하자. 그렇지만 법적으로 나는 몽둥이를 들고 함부로 이웃 사람의 집에 들어가서 나의 물건을 찾아낼 수 없다. 그 대신 만약 내가 나의 물건을 되찾고 훔친 사람이 벌을 받기를 원한다면, 나는 형사사법제도를 이용하지 않으면 안 된다. 이를 위해서 우선 경찰을 부른다. 경찰은 수색영장을 얻는 등의 절차를 통해 합법적으로 이웃 사람의 집에 들어가 수색을 하고 범인을 체포할 것이다.

① 공공의 신뢰(public trust) 확보
② 생명과 재산의 안전(safety and security) 보호
③ 공정한 접근(fair access)의 보장
④ 냉정하고 객관적인 자세(objectivity)

2. 경찰작용은 국민의 자유와 권리를 제한하고 의무를 부과하는 등 전형적인 침해적 행정작용이므로 경찰권 발동에는 한계가 있다. 특히, 경찰은 사회공공의 안녕과 질서유지에 관계가 없는 개인의 사생활 관계에 대해서 경찰권을 발동해서는 아니 된다. 개인 행동의 영향이 단지 그 사람의 일신에 그치고 사회공공의 안녕·질서유지에 관계가 없는 것에 대해서는 경찰권을 발동하여 함부로 이에 관여하는 것은 허용되지 않는다. 따라서 민사상 법률관계의 형성·유지는 사법권의 작용영역으로서 원칙적으로 경찰권의 행사 대상이 아니다. 하지만 민사상 법률관계라 할지라도 예외적으로 경찰권의 개입이 허용되는 경우가 있다. 다음 사례 중 경찰권 개입이 가능한

경우로 가장 적절한 것은?

① 경찰관이 범죄행위와 관련된 가해자와 피해자간의 합의를 종용하는 경우
② 암표의 매매나 총포·도검류의 매매의 경우
③ 경찰관이 사인간의 가옥임대차에 관한 분쟁에 개입하는 경우
④ 경찰관이 민사상의 채권집행에 관여하는 경우

**3.** 다음은 외국 경찰의 수사권에 관한 설명이다. 어느 나라 경찰에 관한 것인가?

> 수사권의 주체를 1차적으로 수사권을 행사하는 일반사법경찰직원, 특수한 사항에 관해서만 1차적 수사권을 행사하는 특별사법경찰직원, 이들에 대해서 보충적 입장에서 모든 사항에 관해서 2차적 수사권을 행사하는 검찰관으로 구분할 수 있다. 경찰은 독자적 수사권을 가지며, 검사와는 상호협력관계에 있다. 원칙적으로 경찰은 1차적 수사기관이며, 검찰은 2차적 수사권 및 소추권을 가진다. 경찰은 모든 사건에 대한 수사권을 행사하나, 검찰은 모든 범죄에 대한 수사는 가능하지만, 통상 정치·금융·경제·저명인사 사건에 대한 중요 사건에 대해서 직접 수사를 한다.

① 독일          ② 미국          ③ 영국          ④ 일본

**4.** 직무명령의 형식적 요건에 해당하지 않은 것은 모두 몇 개인가?

> 가. 권한 있는 상관이 발한 것
> 나. 부하공무원의 직무범위 내의 사항일 것
> 다. 실현 가능성이 있을 것
> 라. 부하공무원의 직무상 독립이 보장된 것이 아닐 것
> 마. 그 내용이 법령과 공익에 적합할 것
> 바. 법정의 형식이나 절차가 있으면 이를 갖출 것

① 없음          ② 1개          ③ 2개          ④ 3개

## 5. 경찰위원회에 관한 설명 중 가장 적절하지 않은 것은?

① 경찰위원회는 경찰의 정치적 중립성을 보장하기 위하여 행정안전부에 설치한 독립적 심의·의결 기구이다.

② 위원회는 위원장 1인을 포함한 7인의 위원으로 구성되며 위원장 및 5 인의 위원은 비상임 위원, 1인은 상임위원이다.

③ 위원장은 비상임 위원 중 호선으로 하며 유고시 상임위원, 연장자 순으로 위원장의 직무를 대리한다.

④ 행정안전부장관은 경찰위원회의 의결사항이 부적당하다고 판단될 때에는 재의요구를 할 수 있는데, 재의요구는 7일 이내에 하여야 하고, 경찰위원회는 10일 이내에 재의결 하여야 한다.

## 6. 경찰기관의 종류는 경찰행정관청, 경찰의결기관, 경찰자문기관, 경찰보조기관, 경찰집행기관 등이다. 각 기관과 관련하여 다음에서 적절하지 않은 것은 모두 몇 개인가?

> ㉠ 경찰행정관청에는 경찰청장, 지방경찰청장, 경찰서장, 지구대장 등이 해당한다.
> ㉡ 경찰위원회, 치안행정협의회는 경찰자문기관이다.
> ㉢ 경찰집행기관은 치안총감, 치안정감, 치안감, 경무관, 총경, 경정, 경감, 경위, 경사, 경장, 순경 등에 해당한다.
> ㉣ 경찰청의 차장이나 과장은 보조기관이다.

① 1개            ② 2개            ③ 3개            ④ 4개

## 7. 다음 경찰공무원법상 경찰공무원의 직권면직사유 가운데 직권면직처분을 위해 징계위원회의 동의가 필요한 사유끼리 묶인 것은?

> ㉠ 직제와 정원의 개폐 또는 예산의 감소 등에 따라 폐직 또는 과원이 되었을 때
> ㉡ 휴직 기간이 끝나거나 휴직 사유가 소멸된 후에도 직무에 복귀하지 아니하거나 직무를 감당할 수 없을 때

ⓒ 직위해제로 인한 대기 명령을 받은 자가 그 기간에 능력 또는 근무 성적의 향상을 기대하기 어렵다고 인정된 때

ⓔ 경찰공무원으로는 부적합할 정도로 직무 수행능력이나 성실성이 현저하게 결여된 사람으로서 대통령령으로 정하는 사유에 해당된 다고 인정될 때

ⓜ 직무를 수행하는 데에 위험을 일으킬 우려가 있을 정도의 성격적 또는 도덕적 결함이 있는 사람으로서 대통령령으로 정하는 사유에 해당된다고 인정될 때

ⓗ 해당 경과에서 직무를 수행하는 데 필요한 자격증의 효력이 상실 되거나 면허가 취소되어 담당 직무를 수행할 수 없게 되었을 때

① ㉠ⓛⓜ  ② ⓛⓒⓗ  ③ ⓒⓔⓜ  ④ ⓒⓔⓗ

**8.** 다음은 경찰공무원의 징계에 관한 것이다. 옳은 것은 모두 몇 개인 가?

㉠ 징계벌과 형벌은 이중적 처벌이 되지 않아야 하기 때문에 병과할 수 없다.

ⓛ 경찰공무원이 해임이 된 경우 5년 후에 다시 경찰공무원이 될 수 있다.

ⓒ 중징계라 함은 파면, 해임, 강등을 말하고 정직은 중징계에 해당하 지 아니한다.

ⓔ 경찰공무원의 임용이란 신규채용·승진·전보·파견을 말하고, 휴직 ·직위해제·정직·강등·복직·면직·해임 및 파면은 임용의 개념에 포함되지 아니한다.

ⓜ 경무관 이상의 경찰공무원에 대한 징계의결은 국무총리 소속으로 설치된 징계위원회에서 한다.

ⓗ 총경의 강등은 경찰청장이 한다.

ⓢ 경정의 해임은 경찰청장이 한다.

ⓞ 경찰공무원중앙징계위원회는 총경 및 경정에 대한 징계사건을 심 의·의결한다.

① 2개  ② 3개  ③ 4개  ④ 5개

**9.** 경찰청은 2011년도 상반기 성과평가에서 과도한 실적주의로 인한 폐해를 없애고 성과평가제도의 문제점을 개선하기 위해 노력하였다. 이를 위해 각 경찰관서에 대한 국민만족도를 많이 반영하고, 지역 주민으로 구성된 치안정책평가단이 평가과정에 직접 참여하는 등 국민만족 치안활동에 대한 평가를 대폭 강화하는 방향으로 변화를 시도하였다. 이러한 경찰청의 노력을 감안하여 앞으로 기대할 수 있는 것으로 가장 적절하지 않은 것은?

① 재물손괴 등 사소한 사건이라도 지역주민의 피해신고에 적극적으로 대응한다.

② 교통단속실적을 평가에 반영하지 않아도 법규 준수율은 향상되고, 교통사고 사망자는 감소할 수 있다.

③ 인권침해나 적법절차 준수 미흡 등 그간 수사상 관행으로 치부되었던 수사 과오가 발생하면 평가에서 불이익을 받는다.

④ 범인검거실적은 주요 4대범죄(살인·강도·강간·절도)만 평가하기 때문에 수사의 효율성을 높이기 위해 그 외의 범죄에 대한 형사활동을 축소하여 주요 범죄에 대한 수사에 집중한다.

**10.** 「경찰관직무집행법」상 불심검문에 대한 설명으로 가장 적절하지 않은 것은?

① 어떠한 죄를 범하였거나 범하려 하고 있다고 의심할 만한 상당한 이유가 있는 자를 임의동행하는 경우, 경찰관은 당해인을 6시간을 초과하여 경찰관서에 머물게 할 수 없다.

② 일정 장소에서 질문을 하는 것이 당해인에게 불리하거나 교통의 방해가 된다고 인정되는 때에는 질문하기 위하여 부근의 경찰서·지구대·파출소 또는 출장소에 동행할 것을 요구해야 하고, 이 경우 당해인은 경찰관의 동행요구를 거절할 수 없다.

③ 경찰관은 죄를 범하였다고 의심할 만한 상당한 이유가 있는 자에게 질문을 할 때에 흉기의 소지여부를 조사 할 수 있다.

④ 경찰관은 수상한 거동 기타 주위의 사정을 합리적으로 판단하여 어떠한 죄를 범하였거나 범하려 하고 있다고 의심할 만한 상당한 이유가 있는 자를 정지시켜 질문 할 수 있다.

## 2009년 경찰공무원 순경 채용시험 문제

**1.** 경찰의 관할에 대한 설명으로 틀린 것은?

① 원칙적으로 해양경찰청은 해양에서의 경찰사무에 대하여 관할권을 가진다.

② 국회의장의 요청에 의하여 파견된 경찰관은 회의장 건물 밖에서만 경호할 수 있다.

③ 외교공관이나 외교관의 개인주택은 치외법권 지역이므로 경찰의 상태책임 대상이 될 수 없다.

④ 중대한 죄를 범하고 도주하는 현행범인을 추적할 때에는 미군시설 및 구역 내에서 범인을 체포할 수 있다.

**2.** 현대경찰의 형성에 지대한 영향을 미친 영국의 로버트 필(R. Peel) 경이 주장한 경찰활동의 원리(police principles)가 아닌 것은?

① 경찰의 기본적 사명은 범죄와 무질서를 예방하는 것이다.

② 경찰은 공공의 협조를 확보하고 유지해야만 한다.

③ 경찰은 경찰목적을 달성하는 데 필요하다면 적극적으로 물리력을 행사해야 한다.

④ 경찰은 비당파적인 치안서비스를 제공하여야 한다.

**3.** 1894년 갑오경장 직후 추진되었던 경찰제의 내용으로 가장 적절한 것은?

① 좌우포도청을 통합한 경무청의 장으로 경무관을 두었다.

② 경무청은 최초에 내무아문 소속으로 결정되었으나, 곧 법무아문 소속으로 변경되었다.

③ 우리나라 최초의 경찰작용법이라 할 수 있는 경부관제가 제정되었다.

④ 경무청은 경찰사무, 감옥사무, 소방사무 등을 담당하였다.

**4.** 현재 잉글랜드와 웨일즈에서의 경찰과 검찰의 관계에 대한 설명으로 적절하지 않은 것은?

① 원칙적으로 검찰의 경찰지휘권은 없고, 경찰과 검찰은 협조관계를 유지한다.

② 경찰은 법관에게 직접 체포영장을 청구할 수 있다.

③ 경찰이 기소결정한 사건의 경우, 검찰은 기소여부를 결정할 때 경찰의 기소결정에 구속된다.

④ 범죄에 대한 공소유지는 검찰이 담당한다.

**5.** 일본의 경찰조직에 대한 설명으로 적절하지 않은 것은?

① 국가공안위원회는 관리기관이며, 상설기관이다.

② 5인으로 구성된 국가공안위원회는 경찰비리에 대한 감찰지시권을 가지고 있다.

③ 국가경찰과 지방경찰로 이루어진 2중 체계이다.

④ 지사는 원칙적으로 지방경찰에 대한 지휘감독권을 가지고 있지 않다.

**6.** 경찰위원회에 대한 설명으로 틀린 것은?

① 위원장 1인을 포함하여 7인의 위원으로 구성되며, 위원장 및 5인의 위원은 비상임이고 1인의 위원은 상임이다.

② 의결은 재적위원 과반수의 출석과 출석위원 과반수의 찬성으로 한다.

③ 행정안전부 장관은 위원회의 심의·의결된 내용이 부적정하다고 판단될 때에는 재의를 요구할 수 있다.

④ 위원의 임기는 3년으로 하며, 중임할 수 없다.

**7.** 훈령의 형식적 요건에 대해 바르게 설명한 항목의 개수로 가장 적절한 것은?

㉠ 상위법규에 저촉되지 않을 것
㉡ 하급관청의 권한 내의 사항에 관한 것일 것

> © 정당한 권한을 가진 상급관청이 발한 것일 것
> @ 하급관청의 직무상 독립성이 보장되어 있는 사항일 것
> @ 적법성·타당성·공익적합성·실현가능성·명백성을 충족할 것

① 1개      ② 2개      ③ 3개      ④ 4개

**8.** 경찰공무원 권익보장제도에 대해 바르게 설명한 항목의 개수로 가장 적절한 것은?

> ㉠ 처분사유설명서 교부제도는 사전적 구제절차로서의 의미를 갖는다.
> ㉡ 경찰공무원 행정소송의 피고는 경찰청장(해양경찰청장)만이 될 수 있다.
> ㉢ 소청심사위원회는 위원장 1인을 포함한 5인 이상 7인 이내의 비상임위원으로 구성한다.
> ㉣ 고충심사는 원칙적으로 직무와 관련된 모든 문제를 대상으로 한다.

① 없음      ② 1개      ③ 2개      ④ 3개

**9.** 경찰공무원의 인사관리에 대한 설명으로 틀린 것은?

① 경찰공무원 중앙징계위원회는 경무관 이상의 경찰공무원에 대한 징계를 의결한다.
② 전보는 계급의 변화 없이 직위만 바꾸는 것이다.
③ 경찰공무원인사위원회는 위원장을 포함한 위원 5인 이상 7인 이하로 구성한다.
④ 경찰서장은 지방경찰청장의 권한을 위임받아 소속경찰관 중 경감 이하의 전보를 행할 수 있다.

제 **2** 편

# 경찰학 각론

# 2017년 제2차 경찰청 경찰공무원(순경) 채용시험 문제

**1.** 「경찰장비관리규칙」상 무기 및 탄약관리에 대한 설명으로 가장 적절하지 않은 것은?

① '집중무기고'란 경찰인력 및 경찰기관별 무기책정기준에 따라 배정된 개인화기와 공용화기를 집중보관·관리하기 위하여 각 경찰기관에 설치된 시설을 말한다.

② 탄약고는 무기고와 분리되어야 하며 가능한 본 청사와 격리된 독립 건물로 하여야 한다.

③ 경찰서에 설치된 집중무기고의 열쇠는 일과시간은 경무과장, 일과 후는 상황관리관이 보관·관리한다. 다만, 휴가·비번 등으로 관리책임자 공백 시는 별도 관리책임자를 지정하여야 한다.

④ 경찰기관의 장이 무기를 휴대한 자 중에서 대여한 무기·탄약을 즉시 회수하여야 하는 대상은 '변태성벽이 있는 자', '형사사건의 조사의 대상이 된 자', '사의를 표명한 자', '기타 경찰기관의 장이 부적합하다고 판단한 자'이다.

**2.** 범죄통제이론에 대한 설명으로 가장 적절하지 않은 것은?

① '억제이론'은 인간의 자유 의지를 인정하지 않는 결정론적 인간관에 바탕을 두고 특별예방효과에 중점을 둔다.

② '치료 및 갱생이론'은 생물학적·심리학적 범죄 이론에 바탕을 두고 있다.

③ '합리적 선택이론'은 인간이 자유 의지를 가지고 있다고 가정하고 합리적인 인간관을 전제로 하므로 비결정론적 인간관에 바탕을 두고 있다.

④ '일상활동이론'의 범죄 발생 3요소는 '동기가 부여된 잠재적 범죄자(motivated offender)', '적절한 대상(suitable target)', '보호자의 부재(absence of capable guardianship)'이다.

**3.** 「아동·청소년의 성보호에 관한 법률」에 대한 설명으로 가장 적절하지 않은 것은?

① 아동·청소년이용음란물을 제작·수입 또는 수출한 자(동법 제11조 제1항)에 대하여 미수범 처벌 규정을 두고 있다.

② 아동·청소년의 성을 사기 위하여 아동·청소년을 유인하거나 성을 팔도록 권유한 자(동법 제13조 제2항)의 경우 미수범 처벌규정이 없다.

③ 법원은 아동·청소년 대상 성범죄를 범한 「소년법」 제2조의 소년에 대하여 형의 선고를 유예하는 경우에는 반드시 보호관찰을 명하여야 한다.

④ 음주 또는 약물로 인한 심신장애 상태에서 아동·청소년대상 성폭력 범죄를 범한 때에는 「형법」 제10조 제1항·제2항 및 제11조(심신장애자·농아자 감면규정)를 적용하지 아니한다.

**4.** 「통합방위법」상 통합방위작전 및 경찰작전에 대한 설명으로 가장 적절한 것은?

① 대통령 소속으로 중앙 통합방위협의회를 둔다.

② '갑종사태'란 일정한 조직 체계를 갖춘 적의 대규모 병력 침투 또는 대량살상무기(大量殺傷武器) 공격 등의 도발로 발생한 비상사태로서 통합방위본부장 또는 지역군사령관의 지휘·통제 하에 통합방위작전을 수행하여야 할 사태를 말한다.

③ 지방경찰청장 또는 경찰서장은 통합방위사태가 선포된 때에는 인명·신체에 대한 위해를 방지하기 위하여 즉시 작전지역에 있는 주민이나 체류 중인 사람에게 대피할 것을 명하여야 한다.

④ '을종사태'란 일부 또는 여러 지역에서 적이 침투·도발하여 단기간 내에 치안이 회복되기 어려워 지방경찰청장의 지휘·통제 하에 통합방위작전을 수행하여야 할 사태를 말한다.

**5.** 「청원경찰법 및 동법 시행령」상 청원경찰에 대한 설명으로 가장 적절한 것은?

① 청원경찰은 청원주와 배치된 기관·시설 또는 사업장 등의 구역을 관할하는 경찰서장의 감독을 받아 그 경비구역만의 경비를 목적으로 필요

한 범위에서 「경찰법」에 따른 경찰관의 직무를 수행한다.

② 관할 경찰서장은 청원경찰이 직무상에 의무를 위반하거나 직무를 태만히 할 때 징계처분을 하여야 한다.

③ 관할 경찰서장은 매달 1회 이상 청원경찰을 배치한 경비구역에 대하여 복무규율과 근무 상황을 감독하여야 한다.

④ 청원경찰의 임용자격은 19세 이상인 사람이며, 남자의 경우에는 군복무를 마쳤거나 군복무가 면제된 사람으로 한정한다.

## 6. 「도로교통법」 제2조 용어의 정의에 대한 설명으로 가장 적절하지 않은 것은?

① '자전거횡단도'란 자전거가 일반도로를 횡단할 수 있도록 안전표지로 표시한 도로의 부분을 말한다.

② '교차로'란 '十'자로, 'T'자로나 그 밖에 둘 이상의 도로(보도와 차도가 구분되어 있는 도로에서는 차도를 말한다)가 교차하는 부분을 말한다.

③ '길가장자리구역'이란 보도와 차도가 구분되어 있는 도로에서 보행자의 안전을 확보하기 위하여 안전표지 등으로 경계를 표시한 도로의 가장자리 부분을 말한다.

④ '안전표지'란 교통안전에 필요한 주의·규제·지시 등을 표시하는 표지판이나 도로의 바닥에 표시하는 기호·문자 또는 선 등을 말한다.

## 7. 「도로교통법」상 운전면허 결격사유에 대한 설명으로 가장 적절하지 않은 것은?

① 19세 미만(원동기장치자전거의 경우에는 16세 미만)인 사람은 운전면허를 받을 수 없다.

② 제1종 대형면허 또는 제1종 특수면허를 받으려는 경우로서 19세 미만이거나 자동차(이륜자동차는 제외한다)의 운전경험이 1년 미만인 사람은 운전면허를 받을 수 없다.

③ 듣지 못하는 사람(제1종 운전면허 중 대형면허·특수면허만 해당한다), 앞을 보지 못하는 사람(한쪽 눈만 보지 못하는 사람의 경우에는 제1종 운전면허 중 대형면허·특수면허만 해당한다)이나 그 밖에 대통령령으

로 정하는 신체장애인은 운전면허를 받을 수 없다.

④ 교통상의 위험과 장해를 일으킬 수 있는 정신질환자 또는 뇌전증 환자로서 대통령령으로 정하는 사람은 운전면허를 받을 수 없다.

**8.** 「보안업무규정」상 신원조사에 대하여 설명한 것이다. 옳은 것을 모두 고른 것은?

> ㉠ 신원조사는 관계 기관의 장이 직권으로 하거나 국가정보원장의 요청에 따라 한다.
> ㉡ 국가보안시설·보호장비를 관리하는 기관 등의 장(해당 국가보안시설 등의 관리업무를 수행하는 소속직원을 포함한다)은 신원 조사의 대상이 된다.
> ㉢ 공무원 임용 예정자와 비밀취급 인가 예정자는 신원조사의 대상이 된다.
> ㉣ 임직원을 임명할 때 정부의 승인이나 동의가 필요한 공공기관의 임직원은 신원조사의 대상이 된다.
> ㉤ 국가정보원장은 신원조사 결과 국가안전보장에 해를 끼칠 정보가 있음이 확인된 사람에 대해서는 관계기관의 장에게 통보할 수 있으며, 통보를 받은 관계 기관의 장은 신원조사 결과에 따라 필요한 보안대책을 마련하여야 한다.

① ㉠㉡          ② ㉠㉢㉣          ③ ㉡㉢㉣          ④ ㉠㉢㉣㉤

**9.** 「집회 및 시위에 관한 법률」에 대한 설명으로 가장 적절한 것은?

① '주관자(主管者)'란 자기 이름으로 자기 책임 아래 집회나 시위를 여는 사람이나 단체를 말한다.

② 집회 또는 시위의 주관자는 집회 또는 시위의 질서 유지에 관하여 자신을 보좌하도록 18세 이상의 사람을 질서유지인으로 임명하여야 한다.

③ 주최자는 신고한 옥외집회 또는 시위를 하지 아니하게 된 경우에는 신고서에 적힌 집회 일시 24시간 전에 그 철회사유 등을 적은 철회신고서를 관할 경찰관서장에게 제출하여야 한다.

④ 관할 경찰서장 또는 지방경찰청장은 신고서를 접수하면 신고자에게 접수 일시를 적은 접수증을 12시간 이내에 내주어야 한다.

## 10. 「보안관찰법」에 대한 설명으로 가장 적절하지 않은 것은?

① 보안관찰처분대상자라 함은 보안관찰해당범죄 또는 이와 경합된 범죄로 금고 이상의 형의 선고를 받고 그 형기합계가 3년 이상인 자로서 형의 전부 또는 일부의 집행을 받은 사실이 있는 자를 말한다.

② 보안관찰처분대상자는 출소 후 7일 이내에 그 거주예정지 관할경찰서장에게 출소사실을 신고하여야 한다.

③ 피보안관찰자는 보안관찰처분결정고지를 받은 날부터 7일 이내에 일정한 사항을 주거지를 관할하는 지구대·파출소장을 거쳐 관할경찰서장에게 신고하여야 한다.

④ 피보안관찰자는 주거지를 이전하거나 국외여행 또는 7일 이상 주거를 이탈하여 여행하고자 할 때에는 미리 거주예정지, 여행예정지 등을 지구대·파출소장을 거쳐 관할경찰서장에게 신고하여야 한다.

## 11. 「출입국관리법」상 외국인의 입국금지 사유로 가장 적절하지 않은 것은?

① 감염병환자, 마약류중독자, 그 밖에 공중위생상 위해를 끼칠 염려가 있다고 인정되는 사람

② 강제퇴거명령을 받고 출국한 후 5년이 지난 사람

③ 사리 분별력이 없고 국내에서 체류활동을 보조할 사람이 없는 정신장애인, 국내체류비용을 부담할 능력이 없는 사람, 그 밖에 구호(救護)가 필요한 사람

④ 경제질서 또는 사회질서를 해치거나 선량한 풍속을 해치는 행동을 할 염려가 있다고 인정할 만한 상당한 이유가 있는 사람

---

**정답**

경찰학 객관식기출문제

1 ④, 2 ①, 3 ④, 4 ②, 5 ③, 6 ③, 7 ①, 8 ③, 9 ③, 10 ④, 11 ②

## 2017년 제1차 경찰공무원(순경) 채용시험 문제

**1.** 「경찰장비관리규칙」에 대한 설명으로 가장 적절하지 않은 것은?

① 경찰관이 권총을 휴대·사용하는 경우 총구는 공중 또는 지면(안전지역)을 향한다.

② 경찰관이 권총을 휴대·사용하는 경우 1탄은 공포탄, 2탄 이하는 실탄을 장전한다. 다만, 대간첩작전, 살인·강도 등 중요범인이나 무기·흉기 등을 사용하는 범인의 체포 및 위해의 방호를 위하여 불가피한 경우에 1탄부터 실탄을 장전할 수 있다.

③ 경찰기관의 장은 무기를 휴대한 자 중에서 주벽이 심한 자, 가정환경이 불화한 자, 형사사건의 조사의 대상이 된 자에게 대여한 무기·탄약을 회수 또는 보관할 수 있다.

④ 경찰기관의 장은 무기를 휴대한 자 중에서 직무상의 비위 등으로 인하여 징계대상이 된 자, 사의를 표명한 자가 발생한 때에는 즉시 대여한 무기·탄약을 회수하여야 한다.

**2.** 다음은 「경찰장비관리규칙」에 대한 설명이다. ㉠부터 ㉣까지의 설명 중 옳고 그름의 표시(O, X)가 바르게 된 것은?

> ㉠ 부속기관 및 지방경찰청은 소속기관 차량 중 다음 년도 교체대상 차량을 매년 3월 말까지 경찰청장에게 보고해야 한다.
> ㉡ 차량교체를 위한 불용 대상차량 선정에는 차량주행거리를 최우선적으로 고려하여 선정한다.
> ㉢ 업무용차량은 운전요원의 부족 등 불가피한 사유가 없는 한 집중관리를 원칙으로 한다.
> ㉣ 의경 신임운전요원은 2주 이상 운전교육을 실시한 후에 운행하도록 하여야 한다.

① ㉠(X) ㉡(X) ㉢(O) ㉣(X)　　② ㉠(X) ㉡(O) ㉢(X) ㉣(O)

③ ㉠(O) ㉡(X) ㉢(O) ㉣(O)    ④ ㉠(O) ㉡(O) ㉢(X) ㉣(X)

**3.** 「경범죄 처벌법」에 대한 설명으로 가장 적절하지 않은 것은?

① 통고처분서를 받은 사람은 천재지변이나 그 밖의 부득이한 사유가 없는 한 통고처분서를 받은 날부터 10일 이내에 범칙금을 납부하여야 한다.

② 범칙금을 납부한 사람은 그 범칙행위에 대하여 다시 처벌받지 아니한다.

③ 있지 아니한 범죄나 재해 사실을 공무원에게 거짓으로 신고한 사람에 대해서는 주거가 분명한 경우에도 현행범 체포가 가능하다.

④ 술에 취한 채로 관공서에서 몹시 거친 말과 행동으로 주정하거나 시끄럽게 한 사람에 대해서는 주거가 분명한 경우 현행범 체포가 불가능하므로 즉결심판 청구나 통고처분을 하여야 한다.

**4.** 「지역경찰의 조직 및 운영에 관한 규칙」상 순찰팀장의 직무 내용에 대한 설명으로 가장 적절하지 않은 것은?

① 근무교대 시 주요 취급사항 및 장비 등의 인수인계 확인

② 관내 중요 사건 발생 시 현장 지휘

③ 관리팀원 및 순찰팀원에 대한 일일근무 지정 및 지휘·감독

④ 경찰 중요 시책의 홍보 및 협력치안 활동

**5.** 다음은 「가정폭력범죄의 처벌 등에 관한 특례법」에 대한 설명이다. 다음 ㉠부터 ㉣까지의 설명 중 옳고 그름의 표시(O, X)가 바르게 된 것은?

㉠ 가정폭력이란 가정구성원 사이의 신체적, 정신적 또는 재산상 피해를 수반하는 행위를 말한다.

㉡ 피해자 또는 그 법정대리인은 가정폭력행위자를 고소할 수 있다. 피해자의 법정대리인이 가정폭력행위자인 경우 또는 가정폭력행위자와 공동으로 가정폭력범죄를 범한 경우에는 피해자의 친족이 고소할 수 있다.

㉢ 사법경찰관은 가정폭력범죄를 신속히 수사하여 사건을 검사에게

> 송치하여야 한다. 이 경우 사법경찰관은 해당 사건을 가정보호사
> 건으로 처리하는 것이 적절한지에 관한 의견을 제시할 수 있다.
> ㉣ 피해자에게 고소할 법정대리인이나 친족이 없는 경우에 이해관계
> 인이 신청하면 검사는 10일 이내에 고소할 수 있는 사람을 지정하
> 여야 한다.

① ㉠(O) ㉡(O) ㉢(O) ㉣(O)　　② ㉠(O) ㉡(X) ㉢(O) ㉣(O)

③ ㉠(X) ㉡(O) ㉢(X) ㉣(O)　　④ ㉠(O) ㉡(O) ㉢(O) ㉣(X)

**6.** 현재 논의되고 있는 수사구조개혁에 대한 설명 중 가장 적절하지 않은 것은?

① 법률전문가인 검사가 수사의 전과정을 지휘함으로써 법률지식의 미흡에서 올지 모르는 법집행의 왜곡을 막고, 국민의 인권옹호에 더 충실할 수 있다는 주장은 경찰에게 독자적 수사권 부여를 반대하는 논거이다.

② 국가공권력의 대표격인 수사권을 공소권까지 가지고 있는 검사에게 독점시켜 견제장치가 없는 현실에서는 검찰의 권력남용의 우려가 있다는 주장은 경찰에게 독자적 수사권 부여를 찬성하는 논거이다.

③ 범죄수사는 공소제기를 결정하기 위한 준비행위이기 때문에 소추권을 가진 검사가 수사의 주체가 되어야 한다는 주장은 경찰에게 독자적 수사권 부여를 반대하는 논거이다.

④ 일상범죄에 대한 대부분의 수사개시는 사법경찰관의 독자적 판단에 의해 이루어지고 있는 현실에 비추어, 현행 수사구조가 현실과 법규범간의 괴리가 있다고 하는 주장은 경찰에게 독자적 수사권 부여를 반대하는 논거이다.

**7.** 경호경비 중 행사장 경호에 대한 설명으로 가장 적절하지 않은 것은?

① 제1선(안전구역 – 내부)은 승·하차장, 동선 등의 취약개소로 피경호자에게 직접적으로 위해를 가할 수 있는 거리 내의 지역 등을 말한다.

② 제1선(안전구역 – 내부)은 절대안전 확보구역으로 MD설치 운용, 출입

자 통제관리를 실시하며, 원거리 기동순찰조를 운영한다.

③ 제2선(경비구역 – 내곽)에 대한 경호책임은 경찰이 담당하고 군부대 내 (內)일 경우에는 군이 책임을 진다.

④ 제3선(경계구역 – 외곽)은 조기경보지역으로 우발사태에 대한 대비책을 강구하고 통상 경찰이 책임을 진다.

8. 「도로교통법」상 '술에 취한 상태에서의 운전 금지' 규정을 위반한 경우 처벌기준에 대한 설명으로 가장 적절하지 않은 것은?

① 혈중알콜농도가 0.1퍼센트 이상 0.2퍼센트 미만인 사람은 6개월 이상 1년 이하의 징역이나 300만원 이상 500만원 이하의 벌금에 처한다.

② 술에 취한 상태에 있다고 인정할 만한 상당한 이유가 있는 사람으로서 경찰공무원의 호흡조사 측정에 응하지 아니한 사람은 1년 이상 3년 이하의 징역이나 500만원 이상 1천만원 이하의 벌금에 처한다.

③ '술에 취한 상태에서의 운전 금지' 규정을 3회 이상 위반한 사람은 6개월 이상 1년 이하의 징역이나 300만원 이상 500만원 이하의 벌금에 처한다.

④ 혈중알콜농도가 0.2퍼센트 이상인 사람은 1년 이상 3년 이하의 징역이나 500만원 이상 1천만원 이하의 벌금에 처한다.

9. 연습운전면허에 대한 설명으로 옳은 것을 모두 고른 것은?

> ㉠ 연습운전면허는 그 면허를 받은 날부터 1년 동안 효력을 가진다. 다만, 연습운전면허를 받은 날부터 1년 이전이라도 연습운전면허를 받은 사람이 제1종 보통면허 또는 제2종 보통면허를 받은 경우 연습운전면허는 그 효력을 잃는다.
>
> ㉡ 연습운전면허를 발급받은 사람이 운전 중 고의 또는 과실로 교통사고를 일으킨 경우 연습운전면허를 취소하여야 하고, 이때 도로교통공단의 도로주행시험을 담당하는 사람의 지시에 따라 운전하던 중 교통사고를 일으킨 경우도 마찬가지이다.
>
> ㉢ 연습운전면허를 발급받은 사람이 도로가 아닌 곳에서 교통사고를 일으킨 경우에는 연습운전면허를 취소하여야 한다.

    ② 연습운전면허를 발급받은 사람이 교통사고를 일으켰으나 단순 물
       적 피해만 발생한 경우 면허가 취소되지 않는다.

① ㉠㉡       ② ㉠㉣       ③ ㉡㉢       ④ ㉢㉣

## 10. 「집회 및 시위에 관한 법률」에 대한 설명으로 가장 적절한 것은?

① 옥외집회나 시위를 주최하려는 자는 신고서를 옥외집회나 시위를 시작
   하기 720시간 전부터 24시간 전에 관할 경찰서장에게 제출하여야 한다.

② 옥외집회 또는 시위 장소가 두 곳 이상의 경찰서의 관할에 속하는 경우
   에는 관할 지방경찰청장에게 신고서를 제출하여야 하고, 두 곳 이상의
   지방경찰청 관할에 속하는 경우에는 주최지를 관할하는 지방경찰청장
   에게 신고서를 제출하여야 한다.

③ 관할 경찰서장 또는 지방경찰청장은 「집회 및 시위에 관한 법률」 제6
   조 제1항에 따른 신고서를 접수하면 신고자에게 접수 일시를 적은 접
   수증을 48시간 이내에 내주어야 한다.

④ 관할경찰관서장은 신고서의 기재 사항에 미비한 점을 발견하면 접수증
   을 교부한 때부터 24시간 이내에 주최자에게 12시간을 기한으로 그 기
   재 사항을 보완할 것을 통고할 수 있다.

## 11. 보안관찰처분에 대한 설명으로 옳은 것을 모두 고른 것은?

   ㉠ 보안관찰처분대상자는 교도소 등으로부터 출소 후 10일 이내에 그
      거주예정지 관할경찰서장에게 출소사실을 신고하여야 한다.
   ㉡ 보안관찰처분대상자는 교도소 등에서 출소한 후 신고사항에 변동
      이 있을 때에는 변동이 있는 날부터 7일 이내에 그 변동된 사항을
      관할경찰서장에게 신고하여야 한다.
   ㉢ 보안관찰처분청구는 검사가 행한다.
   ㉣ 법무부장관은 보안관찰처분심의위원회의 위원장이 된다.
   ㉤ 검사는 피보안관찰자가 도주하거나 10일 이상 그 소재가 불명한
      때에는 보안관찰처분의 집행중지결정을 할 수 있다. 그 사유가 소
      멸된 때에는 지체없이 그 결정을 취소하여야 한다.

① ㉠㉢        ② ㉡㉢        ③ ㉡㉣        ④ ㉢㉤

## 12. 「범죄인 인도법」에 대한 설명 중 가장 적절한 것은?

① 인도조약이 체결되어 있지 아니한 경우에도 범죄인의 인도를 청구하는 국가가 같은 종류 또는 유사한 인도범죄에 대한 대한민국의 범죄인 인도청구에 응한다는 보증을 하는 경우에 인도한다는 원칙을 상호주의 원칙이라고 하나 우리나라에 아직 명문의 규정은 없다.

② 대한민국과 청구국의 법률에 따라 인도범죄가 사형, 무기징역, 무기금고, 장기 3년 이상의 징역 또는 금고에 해당하는 경우에만 범죄인을 인도할 수 있다는 최소한 중요성의 원칙을 규정하고 있다.

③ 대한민국 또는 청구국의 법률에 따라 인도범죄에 관한 공소시효 또는 형의 시효가 완성된 경우에는 범죄인을 인도하여서는 아니 된다.

④ 범죄인의 인도범죄 외의 범죄에 관하여 대한민국 법원에 재판이 계속 중인 경우 또는 범죄인이 형을 선고받고 그 집행이 끝나지 아니하거나 면제되지 아니한 경우 범죄인을 인도하여서는 아니 된다.

## 13. A경찰서 소속 김 순경은 외국으로 출국한 것으로 확인되는 가출인의 소재를 파악하기 위해 인터폴 수배를 의뢰하려고 한다. 어떤 종류의 수배의뢰를 하는 것이 가장 적절한가?

① 황색수배서     ② 녹색수배서     ③ 흑색수배서     ④ 청색수배서

---

정답
경찰학 객관식기출문제

1 ③, 2 ①, 3 ④, 4 ④, 5 ①, 6 ④, 7 ②, 8 ③, 9 ②, 10 ②, 11 ②, 12 ③, 13 ①

## 2017년 제1차 경찰공무원(순경) 채용시험 문제

**1.** 「경비업법」상 경비업에 대한 설명이다. 다음 중 옳은 것을 모두 고른 것은?

> ㉠ 경비업의 업무에는 시설경비, 호송경비, 신변보호, 기계경비, 특수경비가 있다.
> ㉡ 신변보호업무는 사람의 생명이나 신체에 대한 위해의 발생을 방지하고 그 신변을 보호하는 업무이다.
> ㉢ 시설경비업무는 공항(항공기를 포함) 등 대통령령이 정하는 국가중요시설의 경비 및 도난·화재 그 밖의 위험발생을 방지하는 업무이다.
> ㉣ 기계경비업무는 경비대상시설에 설치한 기기에 의하여 감지·송신된 정보를 그 경비대상시설 내의 장소에 설치한 관제시설의 기기로 수신하여 도난·화재 등 위험발생을 방지하는 업무이다.

① 없음    ② ㉠㉡    ③ ㉠㉡㉢    ④ ㉠㉡㉢㉣

**2.** 「실종아동등의 보호 및 지원에 관한 법률」과 「실종아동등 및 가출인 업무처리 규칙」상 용어의 설명으로 가장 적절한 것은?

① '아동등'이란 실종신고 당시 18세 미만인 아동, 「장애인복지법」 제2조의 장애인 중 지적장애인, 자폐성장애인 또는 정신장애인 및 「치매관리법」 제2조 제2호의 치매환자를 말한다.

② '발생지'란 실종아동등 및 가출인이 실종·가출 전 최종적으로 목격되었거나 목격되었을 것으로 추정하여 신고자 등이 진술한 장소를 말하며, 신고자 등이 최종 목격 장소를 진술하지 못하거나, 목격되었을 것으로 추정되는 장소가 대중교통시설 등일 경우 또는 실종·가출 발생 후 10일이 경과한 때에는 실종아동등 및 가출인의 실종 전 최종 주거지를 말한다.

③ '발견지'란 실종아동등 또는 가출인을 발견하여 보호 중인 장소를 말하며, 발견한 장소와 보호 중인 장소가 서로 다른 경우에는 발견한 장소를 말한다.

④ '장기실종아동등'이란 보호자로부터 신고를 접수한 지 48시간이 경과한 후에도 발견되지 않은 찾는실종아동등을 말한다.

**3.** 「집회 및 시위에 관한 법률 시행령」에 대한 설명이다. 옳은 것을 모두 고른 것은?

> ㉠ 관할 경찰관서장이 권한을 부여하면 관할 경찰서 경비교통과장도 해산명령의 주체가 될 수 있다.
> ㉡ 자진 해산 요청은 직접 집회주최자에게 공개적으로 하여야 한다.
> ㉢ 자진 해산 요청에 따르지 아니하는 경우에는 세 번 이상 자진 해산할 것을 명령하고, 참가자들이 해산명령에도 불구하고 해산하지 아니하면 직접 해산시킬 수 있다.
> ㉣ 종결선언은 주최자에게 요청하되, 주최자의 소재를 알 수 없는 경우에는 주관자·연락책임자 및 질서유지인에게 하여야 하며 종결선언의 요청은 필요적 절차로 생략할 수 없다.

① ㉠㉡          ② ㉠㉢          ③ ㉡㉢          ④ ㉢㉣

**4.** 「국민보호와 공공안전을 위한 테러방지법」에 대한 설명으로 가장 적절한 것은?

① 국가테러대책위원회 위원장은 대통령으로 한다.

② '테러단체'란 국제연합(UN)이 지정한 테러단체를 말한다.

③ '테러위험인물'이란 테러를 실행·계획·준비하거나 테러에 참가할 목적으로 국적국이 아닌 국가의 테러단체에 가입하거나 가입하기 위하여 이동 또는 이동을 시도하는 내국인·외국인을 말한다.

④ 국가정보원장은 테러위험인물에 대하여 출입국·금융거래 및 통신이용 등 관련 정보를 수집하여야 한다.

**5.** 「도로교통법」상 '주차금지장소'에 대한 설명으로 가장 적절하지 않은 것은?

① 터널 안 및 다리 위

② 화재경보기로부터 3미터 이내인 곳

③ 소방용 기계·기구가 설치된 곳으로부터 5미터 이내인 곳

④ 도로공사를 하고 있는 경우에는 그 공사 구역의 양쪽 가장자리로부터 10미터 이내인 곳

**6.** 「도로교통법」 및 「도로교통법 시행규칙」상 제1종 특수면허로 운전할 수 없는 것을 모두 고른 것은?

| | |
|---|---|
| ㉠ 소방차 | ㉡ 구급차 |
| ㉢ 배기량 125cc인 이륜자동차 | ㉣ 승차정원 10명인 승합자동차 |

① 없음　　　② ㉠㉡　　　③ ㉠㉡㉢　　　④ ㉠㉡㉢㉣

**7.** 정보의 배포수단에 대한 설명 중 가장 적절하게 연결된 것은?

㉠ 통상 개인적인 대화의 형태로 이루어지며, 질문에 대한 답변이나 토의 형태로 직접 전달하는 방법이다.

㉡ 정보사용자 또는 다수 인원에게 신속히 전달하는 경우에 이용되는 방법으로 강연식이나 문답식으로 진행되며, 현용정보의 배포수단으로 많이 이용된다.

㉢ 정보분석관이 가장 많이 활용하는 방법으로 정기간행물에 포함시키는 것이 적절하지 못한 긴급한 정보를 전달하는 데 주로 사용되며, 신속성이 중요하다.

㉣ 매일 24시간에 걸친 정치, 경제, 사회, 문화 등 제반 정세의 변화를 중점적으로 망라한 보고서로 사전에 고안된 양식에 의해 매일 작성되며, 제한된 범위에서 배포된다.

① ㉠ 비공식적 방법 ㉡ 브리핑 ㉢ 메모 ㉣ 일일정보보고서

② ㉠ 비공식적 방법 ㉡ 브리핑 ㉢ 전신 ㉣ 특별보고서
③ ㉠ 브리핑 ㉡ 비공식적 방법 ㉢ 메모 ㉣ 특별보고서
④ ㉠ 브리핑 ㉡ 비공식적 방법 ㉢ 전신 ㉣ 일일정보보고서

## 8. 간첩망의 형태에 대한 설명 중 가장 적절한 것은?

① 단일형은 간첩이 단일 특수 목적을 수행하기 위해 동조자를 포섭하지 않고 단독으로 활동하는 점조직으로 대남간첩이 가장 많이 사용하며, 간첩 상호간에 종적·횡적 연락의 차단으로 보안 유지 및 신속한 활동이 가능하며 활동 범위가 넓고 공작 성과가 높다는 장점이 있다.

② 삼각형은 지하당조직에서 주로 사용하는 간첩망 형태로, 지하당 구축을 하명받은 간첩이 3명 이내의 행동공작원을 포섭하여 직접 지휘하고 포섭된 공작원 간의 횡적 연락을 차단시키는 활동 조직이다.

③ 피라미드형은 간첩 밑에 주공작원 2~3명을 두고, 주공작원은 그 밑에 각각 2~3명의 행동공작원을 두는 조직형태로 일시에 많은 공작을 입체적으로 수행할 수 있어 활동 범위가 넓고 조직 구성에 많은 시간이 소요되지 않는다는 장점이 있다.

④ 레포형은 삼각형 조직에 있어서 간첩과 주공작원 간, 행동공작원 상호 간에 연락원을 두고 종·횡으로 연결하는 형태이다.

## 9. 「보안관찰법」상 보안관찰 해당범죄가 아닌 것은?

① 「형법」상 내란죄　　　　　② 「군형법」상 일반이적죄
③ 「국가보안법」상 목적수행죄　④ 「국가보안법」상 금품수수죄

## 10. 「출입국관리법」 제4조에는 국민의 출국 금지 기간에 대하여 정하고 있다. 다음 ( )안에 들어갈 숫자를 모두 더한 값은? (단, 기간 연장은 없음)

㉠ 범죄 수사를 위하여 출국이 적당하지 아니하다고 인정되는 사람 : ( )개월 이내
㉡ 형사재판에 계속 중인 사람 : ( )개월 이내

ⓒ 징역형의 집행이 끝나지 아니한 사람 : ( )개월 이내

ⓔ 소재를 알 수 없어 기소중지결정이 된 사람 : ( )개월 이내

ⓜ 도주 등 특별한 사유가 있어 수사진행이 어려운 사람 : ( )개월
이내

① 10       ② 16       ③ 19       ④ 20

# 2016년 제2차 경찰공무원(순경) 채용시험 문제

**1.** 「경범죄처벌법」상 규정된 내용에 대한 설명으로 가장 적절하지 않은 것은?

① 주거가 확인된 경우라면 어떠한 경우라도 「경범죄처벌법」을 위반한 사람을 체포할 수 없다.

② 거짓 광고, 업무방해, 암표매매의 경우 20만 원 이하의 벌금, 구류 또는 과료의 형으로 처벌한다.

③ 「경범죄처벌법」 위반의 죄를 짓도록 시키거나 도와준 사람은 죄를 지은 사람에 준하여 벌한다.

④ 「경범죄처벌법」상의 범칙금 통고처분서를 받은 사람은 통고처분서를 받은 날로부터 10일 이내에 범칙금을 납부하여야 한다.

**2.** 「가정폭력범죄의 처벌 등에 관한 특례법」에 대한 설명으로 가장 적절하지 않은 것은?

① 검사는 가정폭력범죄가 재발될 우려가 있다고 인정하는 경우에는 직권으로 또는 사법경찰관의 신청에 의하여 법원에 피해자 또는 가정구성원의 주거 또는 점유하는 방실로부터의 퇴거 등 격리, 피해자 또는 가정구성원의 주거·직장 등에서 100미터 이내의 접근 금지, 의료기관이나 그 밖의 요양소에 위탁의 임시조치를 청구할 수 있다.

② 사법경찰관은 응급조치에도 불구하고 가정폭력범죄가 재발될 우려가 있고, 긴급을 요하여 법원의 임시조치 결정을 받을 수 없을 때에는 직권 또는 피해자나 그 법정대리인의 신청에 의하여 긴급임시조치를 할 수 있다.

③ 임시조치의 청구는 긴급임시조치를 한 때부터 48시간 이내에 청구하여야 하며, 긴급임시조치결정서를 첨부하여야 한다.

④ 「형법」상 유기죄는 가정폭력범죄에 해당한다.

**3.** 「실종아동등의 보호 및 지원에 관한 법률」상 사용하는 용어의 정의에 대한 설명으로 가장 적절하지 않은 것은?

① "아동등"이란 실종 당시 19세 미만인 아동, 지적장애인, 자폐성장애인 또는 정신장애인, 치매환자에 해당하는 사람을 말한다.

② "실종아동등"이란 약취(略取) 유인(誘引) 또는 유기(遺棄)되거나 사고를 당하거나 가출하거나 길을 잃는 등의 사유로 인하여 보호자로부터 이탈(離脫)된 아동등을 말한다.

③ "보호자"란 친권자, 후견인이나 그 밖에 다른 법률에 따라 아동등을 보호하거나 부양할 의무가 있는 사람을 말한다. 다만, 보호시설의 장 또는 종사자는 제외한다.

④ "보호시설"이란 사회복지시설 및 인가·신고 등이 없이 아동 등을 보호하는 시설로서 사회복지시설에 준하는 시설을 말한다.

**4.** 「집회 및 시위에 관한 법률 및 그 시행령」에 대한 설명으로 가장 적절하지 않은 것은?

① 질서유지선은 관할 경찰서장이나 지방경찰청장이 적법한 집회 및 시위를 보호하고 질서유지나 원활한 교통 소통을 위하여 집회 또는 시위의 장소나 행진 구간을 일정하게 구획하여 설정한 띠, 방책(防柵), 차선(車線) 등의 경계표지(標識)를 말한다.

② 집회현장에서의 확성기 소음기준은 주거지역, 학교, 종합병원, 공공도서관인 경우 주간 75dB 이하, 야간 65dB 이하이다.

③ 옥외집회나 시위를 주최하려는 자는 그에 관한 신고서를 옥외집회나 시위를 시작하기 720시간 전부터 48시간 전에 관할 경찰서장에게 제출하여야 한다.

④ 집회 또는 시위의 주최자는 금지 통고를 받은 날부터 10일 이내에 해당 경찰관서의 바로 위의 상급경찰관서의 장에게 이의를 신청할 수 있다.

**5.** 다음은 다중범죄의 정책적 치료법 중 무엇에 대한 설명인가?

불만집단과 이에 반대하는 대중의견을 크게 부각하여 불만집단이 위

┌─────────────────────────────────────────────┐
압되어 자진해산 및 분산되도록 하는 방법이다.
└─────────────────────────────────────────────┘

① 선수승화법    ② 전이법       ③ 지연정화법      ④ 경쟁행위법

**6.** 음주운전 관련 판례에 대한 설명으로 가장 적절하지 않은 것은?

① 경찰관이 음주운전 단속시 운전자의 요구에 따라 곧바로 채혈을 실시하지 않은 채 호흡측정기에 의한 음주측정을 하고 1시간 12분이 경과한 후에야 채혈을 하였다는 사정만으로는 위 행위가 법령에 위배된다거나 객관적 정당성을 상실하여 운전자가 음주운전 단속과정에서 받을 수 있는 권익이 현저하게 침해되었다고 단정하기 어렵다.

② 피고인의 음주와 음주운전을 목격한 참고인이 있는 상황에서 경찰관이 음주 및 음주운전 종료로부터 약 5시간 후 집에서 자고 있는 피고인을 연행하여 음주측정을 요구한 데에 대하여 피고인이 불응한 경우, 도로교통법상의 음주측정불응죄가 성립하지 않는다.

③ 어떤 사람이 자동차를 움직이게 할 의도 없이 다른 목적을 위하여 자동차의 원동기(모터)의 시동을 걸었는데, 실수로 기어 등 자동차의 발진에 필요한 장치를 건드려 원동기의 추진력에 의하여 자동차가 움직이거나 또는 불안전한 주차상태나 도로여건 등으로 인하여 자동차가 움직이게 된 경우는 자동차의 운전에 해당하지 아니한다.

④ 경찰관이 술에 취한 상태에서 자동차를 운전한 것으로 보이는 피고인을 경찰관직무집행법에 따른 보호조치 대상자로 보아 경찰관서로 데려온 직후 음주측정을 요구하였는데 피고인이 불응하여 음주측정불응죄로 기소된 사안에서 위법한 보호조치 상태를 이용하여 음주측정 요구가 이루어졌다는 등의 특별한 사정이 없는 한 피고인의 행위는 음주측정불응죄에 해당한다.

**7.** 「보안관찰법」상 규정된 내용으로 가장 적절하지 않은 것은?

① "보안관찰처분대상자"라 함은 보안관찰해당범죄 또는 이와 경합된 범죄로 금고이상의 형의 선고를 받고 그 형기 합계가 3년 이상인 자로서 형의 전부 또는 일부의 집행을 받은 사실이 있는 자를 말한다.

② 보안관찰대상자는 그 형의 집행을 받고 있는 교도소, 소년교도소, 구치소, 유치장, 군교도소 또는 영창(이하"교도소등"이라 한다)에서 출소 전에 거주예정지 기타 대통령령으로 정하는 사항을 교도소등의 장을 경유하여 거주예정지 관할경찰서장에게 신고하고, 출소 후 7일 이내에 그 거주예정지 관할경찰서장에게 출소사실을 신고하여야 한다.

③ 보안관찰대상자는 교도소등에서 출소한 후 신고사항에 변동이 있을 때에는 지체 없이 그 변동된 사항을 관할경찰서장에게 신고하여야 한다.

④ 교도소등의 장은 보안관찰처분대상자가 생길 때에는 지체 없이 보안관찰처분심의위원회와 거주예정지를 관할하는 검사 및 경찰서장에게 통보하여야 한다.

## 8. 「출입국관리법」상 상륙의 종류와 내용에 대한 설명으로 가장 적절하지 않은 것은?

① 출입국관리공무원은 선박 등에 타고 있는 외국인(승무원을 포함한다)이 질병이나 그 밖의 사고로 긴급히 상륙할 필요가 있다고 인정되면 그 선박 등의 장이나 운수업자의 신청을 받아 30일의 범위에서 긴급상륙을 허가할 수 있다.

② 지방출입국·외국인관서의 장은 조난을 당한 선박 등에 타고 있는 외국인(승무원을 포함한다)을 긴급히 구조할 필요가 있다고 인정하면 그 선박 등의 장, 운수업자, 「수상에서의 수색·구조등에 관한 법률」에 따른 구호업무 집행자 또는 그 외국인을 구조한 선박 등의 장의 신청에 의하여 30일의 범위에서 재난상륙허가를 할 수 있다.

③ 지방출입국·외국인관서의 장은 선박 등에 타고 있는 외국인이 「난민법」제2조제1호에 규정된 이유나 그 밖에 이에 준하는 이유로 그 생명·신체 또는 신체의 자유를 침해받을 공포가 있는 영역에서 도피하여 곧바로 대한민국에 비호(庇護)를 신청하는 경우 그 외국인을 상륙시킬 만한 상당한 이유가 있다고 인정되면 법무부장관의 승인을 받아 90일의 범위에서 난민 임시상륙허가를 할 수 있다. 이 경우 법무부장관은 외교부장관과 협의하여야 한다.

④ 출입국관리공무원은 관광을 목적으로 대한민국과 외국 해상을 국제적으로 순회하여 운항하는 여객운송선박 중 법무부령으로 정하는 선박에

승선한 외국인승객에 대하여 그 선박의 장 또는 운수업자가 상륙허가를 신청하면 5일의 범위에서 승객의 관광상륙을 허가할 수 있다.

## 9. 「범죄인 인도법」상 절대적 인도거절 사유에 해당하지 않은 것은?

① 대한민국 또는 청구국의 법률에 따라 인도범죄에 관한 공소시효 또는 형의 시효가 완성된 경우

② 인도범죄에 관하여 대한민국 법원에서 재판이 계속 중이거나 재판이 확정된 경우

③ 범죄인의 인도범죄 외의 범죄에 관하여 대한민국 법원에 재판이 계속 중인 경우 또는 범죄인이 형을 선고받고 그 집행이 끝나지 아니하거나 면제되지 아니한 경우

④ 범죄인이 인종, 종교, 국적, 성별, 정치적 신념 또는 특정 사회단체에 속한 것 등을 이유로 처벌되거나 그 밖의 불리한 처분을 받을 염려가 있다고 인정되는 경우

## 2016년 제1차 경찰공무원(순경) 채용시험 문제

**1.** 「위해성 경찰장비의 사용기준 등에 관한 규정」에 대한 설명으로 가장 적절하지 않은 것은?

① 경찰관은 불법집회·시위로 인하여 발생할 수 있는 타인 또는 경찰관의 생명·신체의 위해와 재산·공공시설의 위험을 방지하기 위하여 필요한 때에는 최소한의 범위안에서 경찰봉 또는 호신용경봉을 사용할 수 있다.

② 경찰관은 14세 이하의 자 또는 임산부에 대하여 전자충격기 또는 전자 방패를 사용하여서는 아니된다.

③ 경찰관은 전극침 발사장치가 있는 전자충격기를 사용하는 경우 상대방의 얼굴을 향하여 전극침을 발사하여서는 아니된다.

④ 경찰관은 최루탄발사기로 최루탄을 발사하는 경우 30도 이상의 발사각을 유지하여야 하고, 가스차·살수차 또는 특수진압차의 최루탄발사대로 최루탄을 발사하는 경우에는 15도 이상의 발사각을 유지하여야 한다.

**2.** 「보안업무규정」상 비밀보호에 관한 설명으로 틀린 것은 모두 몇 개인가?

> ㉠ 각급기관의 장은 비밀의 분류·취급·유통 및 이관 등의 모든 과정에서 비밀이 누설되거나 유출되지 아니하도록 보안대책을 수립하여 시행하여야 한다.
> ㉡ 비밀은 해당 등급의 비밀취급 인가를 받은 사람만 취급할 수 있다.
> ㉢ 비밀은 적절히 보호할 수 있는 최고등급으로 분류하되, 과도하거나 과소하게 분류해서는 아니 된다.
> ㉣ 비밀은 그 자체의 내용과 가치의 정도에 따라 분류하여야 하며, 다른 비밀과 관련해서 분류해서는 아니 된다.
> ㉤ 경찰청장은 Ⅱ급 및 Ⅲ급비밀 취급 인가권자이다.

① 1개          ② 2개          ③ 3개          ④ 4개

**3.** 「공공기관의 정보공개에 관한 법률」상 불복절차에 관한 다음 설명 중 가장 적절하지 않은 것은?

① 공공기관은 이의신청을 받은 날부터 10일 이내에 그 이의신청에 대하여 결정하고 그 결과를 청구인에게 지체 없이 문서로 통지하여야 한다. 다만, 부득이한 사유로 정하여진 기간 이내에 결정할 수 없을 때에는 그 기간이 끝나는 날의 다음 날부터 기산하여 10일의 범위에서 연장할 수 있으며, 연장 사유를 청구인에게 통지하여야 한다.

② 청구인이 정보공개와 관련한 공공기관의 결정에 대하여 불복이 있거나 정보공개 청구 후 20일이 경과하도록 정보공개 결정이 없는 때에는 「행정심판법」에서 정하는 바에 따라 행정심판을 청구할 수 있다.

③ 청구인은 이의신청 절차를 거치지 아니하고 행정심판을 청구할 수 있다.

④ 청구인이 정보공개와 관련한 공공기관의 결정에 대하여 불복이 있거나 정보공개 청구 후 20일이 경과하도록 정보공개 결정이 없는 때에는 「행정소송법」에서 정하는 바에 따라 행정소송을 제기할 수 있다.

**4.** 「경비업법」상 경비업무의 종류에 대한 정의로 가장 적절하지 않은 것은?

① 특수경비업무 – 공항(항공기를 포함한다) 등 대통령령이 정하는 국가중요시설의 경비 및 도난·화재 그 밖의 위험발생을 방지하는 업무를 말한다.

② 기계경비업무 – 경비대상시설에 설치한 기기에 의하여 감지·송신된 정보를 그 경비대상시설내의 장소에 설치한 관제시설의 기기로 수신하여 도난·화재 등 위험 발생을 방지하는 업무를 말한다.

③ 시설경비업무 – 경비를 필요로 하는 시설 및 장소에서의 도난·화재 그 밖의 혼잡 등으로 인한 위험발생을 방지하는 업무를 말한다.

④ 신변보호업무 – 사람의 생명이나 신체에 대한 위해의 발생을 방지하고 그 신변을 보호하는 업무를 말한다.

**5.** 「가정폭력범죄의 처벌 등에 관한 특례법」상 가정폭력 범죄에 해당하는 것은 모두 몇 개인가?

> ㉠ 살인  ㉡ 폭행  ㉢ 중상해  ㉣ 영아유기  ㉤ 특수공갈

① 1개　　　　② 2개　　　　③ 3개　　　　④ 4개

**6.** 범죄첩보는 수사첩보의 한 내용으로서 범죄수사상 참고가 될 만한 제반사항을 의미하는 것으로 수사의 단서가 될 수 있는 것은 물론 범죄로의 이행이 예상되는 사안이나 이미 발생한 범죄에 관한 사항 등이 모두 대상이 된다. 다음 중 범죄첩보의 특징을 설명한 것으로 가장 적절하지 않은 것은?

① 결과지향성 – 범죄첩보는 수사 후 현출되는 결과가 있어야 한다.
② 혼합성 – 범죄첩보는 그 속에 하나의 원인과 결과가 내포되어 있어야 한다.
③ 가치변화성 – 범죄첩보는 시간이 경과함에 따라 가치가 감소한다.
④ 결합성 – 범죄첩보는 여러 첩보가 서로 결합되어 이루어진다.

**7.** 「통합방위법」상 국가중요시설에 관한 다음 설명 중 가장 적절하지 않은 것은?

① 국가중요시설의 관리자(소유자를 포함한다. 이하 같다)는 경비·보안 및 방호책임을 지며, 통합방위사태에 대비하여 자체방호계획을 수립하여야 한다. 이 경우 국가중요시설의 관리자는 자체방호계획을 수립하기 위하여 필요하면 지방경찰청장 또는 지역군사령관에게 협조를 요청할 수 있다.
② 지방경찰청장 또는 지역군사령관은 통합방위사태에 대비하여 국가중요시설에 대한 방호지원계획을 수립·시행하여야 한다.
③ 국가중요시설의 평시 경비·보안활동에 대한 지도·감독은 관계 행정기관의 장과 국가정보원장이 수행한다.

④ 국가중요시설은 경찰청장이 관계 행정기관의 장 및 국가정보원장과 협의하여 지정한다.

**8.** 「도로교통법」상 주차금지 장소로 옳은 것은 모두 몇 개인가?

> ㉠ 소방용 기계·기구가 설치된 곳으로부터 5미터 이내인 곳
> ㉡ 터널 안 및 다리 위
> ㉢ 화재경보기로부터 3미터 이내인 곳
> ㉣ 도로공사를 하고 있는 경우에는 그 공사구역의 양쪽 가장 자리로부터 5미터 이내인 곳

① 1개          ② 2개          ③ 3개          ④ 4개

**9.** 「도로교통법」 및 동법 시행규칙 상 제1종 보통면허로 운전할 수 있는 것은 모두 몇 개인가?

> ㉠ 승용자동차
> ㉡ 승차정원 15인 이하의 승합자동차
> ㉢ 원동기장치자전거
> ㉣ 총중량 10톤 미만의 특수자동차(트레일러 및 레커를 포함한다)
> ㉤ 승차정원 12인 이하의 긴급자동차(승용 및 승합자동차에 한정한다)

① 2개          ② 3개          ③ 4개          ④ 5개

**10.** 「집회 및 시위에 관한 법률」에서 사용하는 용어의 정의로 가장 적절하지 않은 것은?

① "시위"란 여러 사람이 공동의 목적을 가지고 도로, 광장, 공원 등 일반인이 자유로이 통행할 수 있는 장소를 행진하거나 위력 또는 기세를 보여, 불특정한 여러 사람의 의견에 영향을 주거나 제압을 가하는 행위를 말한다.

② "주관자"란 자기 이름으로 자기 책임 아래 집회나 시위를 여는 사람이
　 나 단체를 말한다. 주관자는 주최자를 따로 두어 집회 또는 시위의 실
　 행을 맡아 관리하도록 위임할 수 있다. 이 경우 주최자는 그 위임의 범
　 위 안에서 주관자로 본다.

③ "질서유지인"이란 주최자가 자신을 보좌하여 집회 또는 시위의 질서를
　 유지하게 할 목적으로 임명한 자를 말한다.

④ "옥외집회"란 천장이 없거나 사방이 폐쇄되지 아니한 장소에서 여는 집
　 회를 말한다.

**11.** 대상국의 기밀 탐지, 전복, 태업 등을 효과적으로 수행하기 위한
　　 지하조직형태를 간첩망이라 한다. 다음의 내용이 설명하는 간첩
　　 망의 형태를 가장 적절하게 나열한 것은?

> ⊙ 지하당 구축에 흔히 사용하는 형태로, 간첩이 3명 이내의 행동공작
> 　 원을 포섭하여 직접 지휘하고 공작원 간 횡적 연락을 차단시키는
> 　 활동조직
> ⓒ 간첩이 주공작원 2~3명을 두고, 주공작원은 그 밑에 각각 2~3명
> 　 의 행동공작원을 두는 조직형태
> ⓒ 합법적 신분을 이용하여 적국의 이념이나 사상에 동조하도록 유도
> 　 하여 공작목표를 달성하기 위한 조직형태

① ⊙ 삼각형　　　　　ⓒ 피라미드형　　　　ⓒ 서클형

② ⊙ 삼각형　　　　　ⓒ 피라미드형　　　　ⓒ 레포형

③ ⊙ 피라미드형　　　ⓒ 삼각형　　　　　　ⓒ 서클형

④ ⊙ 피라미드형　　　ⓒ 삼각형　　　　　　ⓒ 레포형

**12.** 「출입국관리법」 및 동법 시행령 상 다음의 내용이 설명하는 외국
　　 인의 체류자격으로 가장 적절하게 나열한 것은?

> ⊙ 수익이 따르는 음악, 미술, 문학 등의 예술활동과 수익을 목적으로
> 　 하는 연예, 연주, 연극, 운동경기, 광고·패션 모델, 그 밖에 이에

준하는 활동을 하려는 사람
ⓛ 법무부장관이 정하는 자격요건을 갖춘 외국인으로서 외국어전문학
원, 초등학교 이상의 교육기관 및 부설어학연구소, 방송사 및 기업
체 부설 어학연수원, 그 밖에 이에 준하는 기관 또는 단체에서 외
국어 회화지도에 종사하려는 사람

① ㉠ D−1 ㉡ A−2          ② ㉠ D−1 ㉡ E−2

③ ㉠ E−6 ㉡ A−2          ④ ㉠ E−6 ㉡ E−2

**13.** 「언론중재 및 피해구제 등에 관한 법률」상 언론중재위원회(이하
"중재위원회"라 한다)의 설치에 관한 내용으로 가장 적절하지 않
은 것은?

① 중재위원회는 40명 이상 90명 이내의 중재위원으로 구성한다.

② 중재위원회에 위원장 1명과 2명 이내의 부위원장 및 2명 이내의 감사
를 두며, 각각 중재위원 중에서 호선한다.

③ 위원장, 부위원장, 감사 및 중재위원의 임기는 각각 2년으로 하며, 연임
할 수 없다.

④ 중재위원회의 회의는 재적위원 과반수의 출석과 출석위원 과반수의 찬
성으로 의결한다.

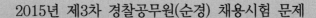

## 2015년 제3차 경찰공무원(순경) 채용시험 문제

**1.** 「아동학대범죄의 처벌 등에 관한 특례법」에 대한 설명으로 가장 적절하지 않은 것은?

① 아동이란 19세 미만인 사람을 말한다.

② 아동학대범죄에 대하여는 이 법을 우선 적용한다. 다만, 「성폭력범죄의 처벌 등에 관한 특례법」, 「아동·청소년의 성보호에 관한 법률」에서 가중처벌되는 경우에는 그 법에서 정한 바에 따른다.

③ 이 법은 아동학대범죄의 처벌 및 그 절차에 관한 특례와 피해아동에 대한 보호절차 및 아동학대행위자에 대한 보호처분을 규정함으로써 아동을 보호하여 아동이 건강한 사회 구성원으로 성장하도록 함을 목적으로 한다.

④ 아동학대범죄 신고를 접수한 사법경찰관리나 아동보호전문기관의 직원은 지체 없이 아동학대범죄의 현장에 출동하여야 한다.

**2.** 「공공기관의 정보공개에 관한 법률」에 대한 설명으로 틀린 것은 모두 몇 개인가?

> ㉠ 공공기관이 보유·관리하는 정보는 국민의 알권리 보장 등을 위하여 이 법에서 정하는 바에 따라 적극적으로 공개하여야 한다.
>
> ㉡ 모든 국민은 정보의 공개를 청구할 권리를 가진다. 외국인의 정보공개 청구에 관하여는 대통령령으로 정한다.
>
> ㉢ 청구인이 정보공개와 관련한 공공기관의 비공개 결정 또는 부분공개 결정에 대하여 불복이 있거나 정보공개 청구 후 20일이 경과하도록 정보공개 결정이 없는 때에는 공공기관으로부터 정보공개 여부의 결정 통지를 받은 날 또는 정보공개 청구 후 20일이 경과한 날부터 30일 이내에 해당 공공기관에 문서로 이의신청을 할 수 있다.
>
> ㉣ 정보공개위원회는 위원장과 부위원장 각 1명을 포함한 7명의 위원으로 구성한다. 이 경우 위원장을 포함한 5명은 공무원이 아닌 사

람으로 위축할 수 있다.
 ⓜ 행정자치부장관은 정보공개위원회가 정보공개제도의 효율적 운영을 위하여 필요하다고 요청하면 공공기관(국회·법원·헌법재판소 및 중앙선거관리위원회를 포함한다)의 정보공개제도 운영실태를 평가할 수 있다.

① 1개   ② 2개   ③ 3개   ④ 4개

**3.** 「가정폭력범죄 처벌 등에 관한 특례법」에 대한 설명으로 옳은 것은 모두 몇 개인가?

 ㉠ 피해자 또는 그 법정대리인은 가정폭력행위자를 고소할 수 있다. 피해자의 법정대리인이 가정폭력행위자인 경우 또는 가정폭력행위자와 공동으로 가정폭력범죄를 범한 경우에는 피해자의 친족이 고소할 수 없다.
 ㉡ 동거하는 친족관계에 있었던 자는 가정구성원에 해당되지 않는다.
 ㉢ 사법경찰관은 가정폭력범죄를 신속히 수사하여 사건을 검사에게 송치하여야 한다. 이 경우 사법경찰관은 해당 사건을 가정보호사건으로 처리하는 것이 적절한지에 관한 의견을 제시할 수 있다.
 ㉣ 피해자에게 고소할 법정대리인이나 친족이 없는 경우에 이해관계인이 신청하면 검사는 10일 이내에 고소할 수 있는 사람을 지정하여야 한다.

① 없음   ② 1개   ③ 2개   ④ 3개

**4.** 「통합방위법」상 다음 설명에 해당하는 것은 무엇인가?

적의 침투·도발 위협이 예상되거나 소규모의 적이 침투하였을 때에 지방경찰청장, 지역군사령관 또는 함대사령관의 지휘·통제 하에 통합방위작전을 수행하여 단기간 내에 치안이 회복될 수 있는 사태

① 갑종사태  ② 을종사태  ③ 병종사태  ④ 정종사태

**5.** 「경비업법」상 경비업무에 대한 설명으로 가장 적절한 것은?

① 시설경비업무 - 경비대상시설에 설치한 기기에 의하여 감지·송신된 정보를 그 경비대상시설 외의 장소에 설치한 관제시설의 기기로 수신하여 도난·화재 등 위험 발생을 방지하는 업무

② 호송경비업무 - 사람의 생명이나 신체에 대한 위해의 발생을 방지하고 그 신변을 보호하는 업무

③ 기계경비업무 - 경비를 필요로 하는 시설 및 장소에서의 도난·화재 그 밖의 혼잡 등으로 인한 위험발생을 방지하는 업무

④ 특수경비업무 - 공항(항공기를 포함한다) 등 대통령령이 정하는 국가중요시설의 경비 및 도난·화재 그 밖의 위험 발생을 방지하는 업무

**6.** 다음 설명 중 가장 적절한 것은? (다툼이 있으면 판례에 의함)

① 일반적으로 고속도로를 운전하는 자동차 운전자에게 도로상에 장애물이 나타날 것을 예견하여 제한속도 이하로 감속 운행할 주의 의무가 있다.

② 자동차를 움직이게 할 의도 없이 다른 목적을 위하여 자동차의 원동기(모터)의 시동을 걸었는데, 실수로 기어 등 자동차의 발진에 필요한 장치를 건드려 원동기의 추진력에 의하여 자동차가 움직인 경우 자동차의 운전에 해당한다.

③ 무면허운전으로 인한 도로교통법위반죄에 있어서는 어느 날에 운전을 시작하여 다음날까지 동일한 기회에 일련의 과정에서 계속 운전을 한 경우 등 특별한 경우를 제외하고는 사회통념상 운전한 날을 기준으로 운전한 날마다 1개의 운전행위가 있다고 보는 것은 상당하지 않다.

④ 특별한 이유 없이 호흡측정기에 의한 측정에 불응하는 운전자에게 경찰공무원이 혈액채취에 의한 측정방법이 있음을 고지하고 그 선택 여부를 물어야 할 의무가 있다고는 할 수 없다.

7. 「도로교통법」에서 규정하고 있는 용어에 대한 정의로 가장 적절하지 않은 것은?

① 자동차전용도로란 자동차만 다닐 수 있도록 설치된 도로를 말한다.

② 고속도로란 자동차의 고속 운행에만 사용하기 위하여 지정된 도로를 말한다.

③ 길가장자리구역이란 보도와 차도가 구분된 도로에서 보행자의 안전을 확보하기 위하여 안전표지 등으로 경계를 표시한 도로의 가장자리 부분을 말한다.

④ 안전지대란 도로를 횡단하는 보행자나 통행하는 차마의 안전을 위하여 안전표지나 이와 비슷한 인공구조물로 표시한 도로의 부분을 말한다.

8. 「집회 및 시위에 관한 법률」상 옥외집회 또는 시위를 하여서는 아니되는 장소로 가장 적절하지 않은 것은?

① 국회의사당의 경계 지점으로부터 100미터 이내의 장소

② 각급 법원의 경계 지점으로부터 100미터 이내의 장소

③ 국회의장 공관 경계 지점으로부터 100미터 이내의 장소

④ 경찰청의 경계 지점으로부터 100미터 이내의 장소

9. 「보안관찰법」에 대한 설명으로 가장 적절하지 않은 것은?

① 보안관찰처분대상자라 함은 보안관찰해당범죄 또는 이와 경합된 범죄로 금고 이상의 형의 선고를 받고 그 형기합계가 3년 이상인 자로서 형의 전부 또는 일부의 집행을 받은 사실이 있는 자를 말한다.

② 보안관찰처분을 받은 자는 이 법이 정하는 바에 따라 소정의 사항을 주거지 관할 검사에게 신고하고, 재범방지에 필요한 범위 안에서 그 지시에 따라 보안관찰을 받아야 한다.

③ 법무부장관은 검사의 청구가 있는 때에는 보안관찰처분심의위원회의 의결을 거쳐 그 기간을 갱신할 수 있다.

④ 보안관찰처분청구는 검사가 행한다.

**10.** 「범죄인 인도법」에 대한 설명으로 가장 적절한 것은?

① 이 법에 규정된 범죄인의 인도심사 및 그 청구와 관련된 사건은 대법원과 대검찰청의 전속관할로 한다.

② 범죄인이 인종, 종교, 국적, 성별, 정치적 신념 또는 특정 사회단체에 속한 것 등을 이유로 처벌되거나 그 밖의 불리한 처분을 받을 염려가 있다고 인정되는 경우 범죄인을 인도하지 않을 수 있다.

③ 범죄인이 대한민국 국민인 경우 범죄인을 인도하여서는 아니된다.

④ 인도범죄의 전부 또는 일부가 대한민국 영역에서 범한 것인 경우 범죄인을 인도하지 아니할 수 있다.

過년도 기출문제

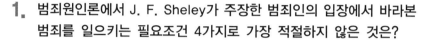

## 2015년 제2차 경찰공무원(순경) 채용시험 문제

**1.** 범죄원인론에서 J. F. Sheley가 주장한 범죄인의 입장에서 바라본 범죄를 일으키는 필요조건 4가지로 가장 적절하지 않은 것은?

① 범행의 기술  
② 보호자(감시자)의 부재  
③ 범행의 동기  
④ 사회적 제재로부터의 자유

**2.** 「성매매알선 등 행위의 처벌에 관한 법률」에 관한 다음 설명 중 옳은 것은 모두 몇 개인가?

> ㉠ "성매매"란 불특정인을 상대로 금품이나 그 밖의 재산상의 이익을 수수하거나 수수하기로 약속하고 성교행위 또는 구강·항문 등 신체의 일부 또는 도구를 이용한 유사 성교행위를 하거나 그 상대방이 되는 것을 말한다.
> ㉡ "성매매알선 등 행위"에는 성매매의 장소를 제공하는 것도 포함한다.
> ㉢ 성매매피해자의 성매매는 처벌하지 아니한다.
> ㉣ 이 법에 규정된 죄를 범한 사람이 수사기관에 신고하거나 자수한 경우에는 형을 감경하거나 면제해야 한다.

① 1개　　② 2개　　③ 3개　　④ 4개

**3.** 「유실물법」상 습득물에 대한 보상금의 한도로 가장 적절한 것은?

① (습득물 가액의) 100분의 10 이상 100분의 20 이하  
② (습득물 가액의) 100분의 5 이상 100분의 30 이하  
③ (습득물 가액의) 100분의 5 이상 100분의 20 이하  
④ (습득물 가액의) 100분의 10 이상 100분의 30 이하

**4.** 군중정리의 원칙에 관한 다음 설명 중 가장 적절하지 않은 것은?

① 밀도의 희박화 – 많은 사람이 모이면 충돌과 혼잡이 야기되므로 제한된 장소에 가급적 많은 사람이 모이는 것을 회피하게 한다.

② 이동의 일정화 – 대규모 군중이 모이는 장소는 사전에 블록화한다.

③ 경쟁적 사태의 해소 – 순서에 의하여 움직일 때 순조롭게 모든 일이 잘 될 수 있다는 것을 이해시키는 것으로, 차분한 목소리로 안내방송을 하는 것도 한 방법이다.

④ 지시의 철저 – 계속적이고 자세한 안내방송으로 지시를 철저히 해서 혼잡한 사태를 정리하고 사고를 미리 방지할 수 있다.

**5.** 「청원경찰법」상 다음 설명 중 틀린 것은 모두 몇 개인가?

> ㉠ 청원경찰은 청원경찰의 배치 결정을 받은 자(이하 청원주)와 배치된 기관·시설 또는 사업장 등의 구역을 관할하는 경찰서장의 감독을 받아 그 경비구역만의 경비를 목적으로 필요한 범위에서 「경찰관 직무집행법」에 따른 경찰관의 직무를 수행한다.
> ㉡ 청원경찰에 대한 징계의 종류는 파면, 해임, 강등, 정직, 감봉 및 견책으로 구분한다.
> ㉢ 청원경찰은 청원주가 임용하되, 임용을 할 때에는 미리 지방경찰청장의 승인을 받아야 한다.
> ㉣ 지방경찰청장은 청원경찰이 직무를 수행하기 위하여 필요하다고 인정하면 청원주의 신청을 받아 관할 경찰서장으로 하여금 청원경찰에게 무기를 대여하여 지니게 할 수 있다.

① 0개          ② 1개          ③ 2개          ④ 3개

**6.** 다음 설명 중 가장 적절하지 않은 것은?
(다툼이 있으면 판례에 의함)

① 화물차를 주차한 상태에서 적재된 상자 일부가 떨어지면서 지나가던 피해자에게 상해를 입힌 경우 교통사고로 볼 수 없다.

② 교통사고로 인한 물적 피해가 경미하고, 파편이 도로상에 비산되지도

않았다고 하더라도, 가해차량이 즉시 정차하는 등 필요한 조치를 취하지 아니한 채 그대로 도주한 경우에는 도로교통법 제54조 제1항 위반죄가 성립한다.

③ 교차로 직전의 횡단보도에 따로 차량 보조등이 설치되어 있지 아니한 경우, 교차로 차량 신호등이 적색이고 횡단보도 보행등이 녹색인 상태에서 횡단보도를 지나 우회전하다가 사람을 다치게 하였다면 「교통사고처리특례법」상 특례조항인 신호위반에 해당하지 않는다.

④ 교차로에 교통섬이 설치되고 그 오른쪽으로 직진 차로에서 분리된 우회전 차로가 설치된 경우, 우회전 차로가 아닌 직진 차로를 따라 우회전하는 행위는 교차로 통행방법을 위반한 것이다.

## 7. 정보의 질적 요건에 관한 다음 설명 중 가장 적절하지 않은 것은?

① 완전성은 정보가 사실과 일치되는 성질이다.

② 적시성은 정보가 정책결정이 이루어지는 시점에 비추어 가장 적절한 시기에 존재하는 성질이다.

③ 적실성은 정보가 당면 문제와 관련된 성질이다.

④ 객관성은 정보가 국가정책의 결정과정에서 사용될 때 국익증대와 안보추구라는 차원에서 객관적 입장을 유지해야 한다는 것을 의미한다.

## 8. 「집회 및 시위에 관한 법률」상 다음 ( ) 안에 들어갈 숫자를 순서대로 가장 적절하게 나열한 것은?

· 관할경찰관서장은 신고서의 기재 사항에 미비한 점을 발견하면 접수증을 교부한 때부터 (㉠)시간 이내에 주최자에게 (㉡)시간을 기한으로 그 기재 사항을 보완할 것을 통고할 수 있다.

· 집회 또는 시위의 주최자는 금지 통고를 받은 날부터 (㉢)일 이내에 해당 경찰관서의 바로 위의 상급경찰관서의 장에게 이의를 신청할 수 있다.

① ㉠ － 12, ㉡ － 12, ㉢ － 10    ② ㉠ － 24, ㉡ － 12, ㉢ － 7
③ ㉠ － 12, ㉡ － 24, ㉢ － 7    ④ ㉠ － 12, ㉡ － 24, ㉢ － 10

**9.** 간첩망의 형태에 관한 다음 설명 중 가장 적절하지 않은 것은?

① 피라미드형은 간첩이 3명 이내의 공작원을 포섭하여 지휘하고 포섭된 공작원 간 횡적연락을 차단하는 형태이다.

② 써클형은 합법적 신분을 이용하여 침투하고 대상국의 정치·사회문제를 이용하여 적국의 이념이나 사상에 동조하도록 유도하는 형태이다.

③ 단일형은 단독활동으로 보안유지 및 신속한 활동이 가능한 반면, 활동 범위가 좁고 공작성과가 비교적 낮다.

④ 레포형은 피라미드형 조직에서 간첩과 주공작원 간, 행동공작원 상호 간에 연락원을 두고 종횡으로 연결하는 방식이다.

**10.** 「국적법」상 일반귀화의 요건으로 가장 적절하지 않은 것은?

① 대한민국의 「민법」상 성년일 것

② 자신의 자산이나 기능에 의하거나 생계를 같이하는 가족에 의존하여 생계를 유지할 능력이 있을 것

③ 3년 이상 계속하여 대한민국에 주소가 있을 것

④ 품행이 단정할 것

**11.** 「범죄인 인도법」상 임의적 인도거절 사유로서 가장 적절하지 않은 것은?

① 범죄인이 대한민국 국민인 경우

② 인도범죄의 전부 또는 일부가 대한민국 영역에서 범한 것인 경우

③ 범죄인의 인도범죄 외의 범죄에 관하여 대한민국 법원에 재판이 계속 중인 경우 또는 범죄인이 형을 선고받고 그 집행이 끝나지 아니하거나 면제되지 아니한 경우

④ 대한민국 또는 청구국의 법률에 따라 인도범죄에 관한 공소시효 또는 형의 시효가 완성된 경우

## 2015년 제1차 경찰공무원(순경) 채용시험 문제

**1.** 「보안업무규정」상 비밀에 대한 설명으로 가장 적절하지 않은 것은?

① 비밀이란 그 내용이 누설되는 경우 국가안전보장에 유해로운 결과를 초래할 우려가 있는 국가기밀로서 이 영에 의하여 비밀로 분류된 것을 말한다.

② 비밀은 그 중요성과 가치의 정도에 따라 Ⅰ급비밀·Ⅱ급비밀 및 Ⅲ급비밀로 구분한다.

③ 누설되는 경우 대한민국과 외교관계가 단절되고 전쟁을 유발하며, 국가의 방위계획·정보활동 및 국가방위상 필요불가결한 과학과 기술의 개발을 위태롭게 하는 등의 우려가 있는 비밀은 이를 Ⅰ급비밀로 한다.

④ 누설되는 경우 국가안전보장에 손해를 끼칠 우려가 있는 비밀은 이를 Ⅱ급비밀로 한다.

**2.** 환경설계를 통한 범죄예방(CPTED)에 대한 설명으로 가장 적절하지 않은 것은?

① CPTED는 주거 및 도시지역의 물리적 환경설계 또는 재설계를 통해 범죄기회를 차단하고자 하는 기법이다.

② '자연적 감시'는 건축물이나 시설물의 설계시 가시권을 최대 확보, 외부 침입에 대한 감시 기능을 확대함으로써 범죄행위의 발견가능성을 증가시키고 범죄기회를 감소시킬 수 있는 원리이다.

③ '영역성의 강화'는 지역사회의 설계시 주민들이 모여서 상호의견을 교환하고 유대감을 증대할 수 있는 공공장소를 설치하고 이용하도록 함으로써 거리의 눈을 활용한 자연적 감시와 접근통제의 기능을 확대하는 원리이다.

④ '자연적 접근통제'는 일정한 지역에 접근하는 사람들을 정해진 공간으로 유도하거나 외부인의 출입을 통제하도록 설계함으로써 접근에 대한 심리적 부담을 증대시켜 범죄를 예방하는 원리이다.

**3.** 「가정폭력범죄의 처벌 등에 관한 특례법」상 가정폭력범죄에 대해 사법경찰관이 취할 수 있는 조치에 대한 설명으로 틀린 것은 모두 몇 개인가?

> ⊙ 긴급치료가 필요한 피해자를 의료기관으로 인도하여야 한다.
> ⓛ 피해자의 동의 없이도 피해자를 가정폭력 관련 상담소 또는 보호 시설로 인도할 수 있다.
> ⓒ 가정폭력범죄가 재발될 우려가 있다고 인정하는 경우에는 사법경 찰관의 직권으로 법원에 임시조치를 청구할 수 있다.
> ② 사법경찰관은 가정폭력범죄를 신속히 수사하여 사건을 검사에게 송치하여야 한다. 이 경우 사법경찰관은 해당 사건을 가정보호사 건으로 처리하는 것이 적절한지에 관한 의견을 제시할 수 있다.

① 1개            ② 2개            ③ 3개            ④ 4개

**4.** 「가정폭력범죄의 처벌 등에 관한 특례법」상 가정폭력범죄에 해당 하지 않는 것은?

① 공갈죄                    ② 주거·신체수색죄
③ 약취·유인죄              ④ 명예훼손죄

**5.** 「아동학대범죄의 처벌 등에 관한 특례법」상 응급조치에 대한 설명 으로 가장 적절하지 않은 것은?

① 현장에 출동하거나 아동학대범죄 현장을 발견한 사법경찰관리 또는 아 동보호전문기관의 직원은 피해아동 보호를 위하여 즉시 응급조치를 하 여야 한다.

② 사법경찰관리나 아동보호전문기관의 직원은 피해아동을 분리·인도하여 보호하는 경우 지체 없이 피해아동을 인도받은 보호시설·의료시설을 관할하는 특별시장·광역시장·특별자치시장·도지사·특별자치도지사 또 는 시장·군수·구청장에게 그 사실을 통보하여야 한다.

③ 응급조치는 48시간을 넘을 수 없다.

④ 사법경찰관리 또는 아동보호전문기관의 직원이 응급조치를 한 경우에는 즉시 응급조치결과보고서를 작성하여야 하며, 아동보호전문기관의 직원이 응급조치를 한 경우 아동보호전문기관의 장은 작성된 응급조치결과보고서를 지체 없이 관할 경찰서의 장에게 송부하여야 한다.

**6.** 다중범죄의 정책적 치료법 가운데 특정사안의 불만집단에 대한 정보활동을 강화하여 사전에 불만 및 분쟁요인을 찾아내어 해소시켜 주는 방법으로 가장 적절한 것은?

① 선수승화법  ② 전이법
③ 지연정화법  ④ 경쟁행위법

**7.** 「도로교통법」상 음주운전 처벌기준에 대한 설명으로 가장 적절하지 않은 것은?

① 최초 위반 시 혈중 알코올농도가 0.2%이상인 경우 1년 이상 3년 이하의 징역이나 500만원 이상 1천만원 이하의 벌금
② 음주측정에 응하지 않을 시 1년 이상 3년 이하의 징역이나 500만원 이상 1천만원 이하의 벌금
③ 2회 위반 시 혈중 알코올농도가 0.1%이상 0.2%미만인 경우 1년 이상 3년 이하의 징역이나 500만원 이상 1천만원 이하의 벌금
④ 3회 이상 위반 시 1년 이상 3년 이하의 징역이나 500만원 이상 1천만원 이하의 벌금

**8.** 「집회 및 시위에 관한 법률」에 대한 설명으로 가장 적절하지 않은 것은?

① '주최자'란 자기 이름으로 자기 책임 아래 집회나 시위를 여는 사람이나 단체를 말한다.
② 헌법재판소의 결정에 따라 해산된 정당의 목적을 달성하기 위한 집회 또는 시위는 주최하여서는 아니 된다.
③ 관할경찰관서장은 집회 또는 시위의 시간과 장소가 중복되는 2개 이상

의 신고가 있는 경우 그 목적으로 보아 서로 상반되거나 방해가 된다고 인정되면 뒤에 접수된 집회 또는 시위에 대하여 그 집회 또는 시위의 금지를 통고할 수 있다.

④ 관할경찰관서장은 신고서의 기재 사항에 미비한 점을 발견하면 접수증을 교부한 때부터 24시간 이내에 주최자에게 12시간을 기한으로 그 기재 사항을 보완할 것을 통고할 수 있다.

**9.** 정보의 분류 중 사용목적에 따른 분류로 가장 적절한 것은?

① 전략정보, 전술정보
② 적극정보, 소극(보안)정보
③ 기본정보, 현용정보, 판단정보
④ 인간정보, 기술정보

**10.** 다음은 보안관찰처분대상자와 기간에 대한 설명이다. ( )안에 들어갈 말이 바르게 연결된 것은?

> 보안관찰처분대상자란 보안관찰해당범죄 또는 이와 경합된 범죄로 ( ㉠ ) 이상의 형의 선고를 받고 그 형기 합계가 ( ㉡ ) 이상인 자로서 형의 전부 또는 일부의 집행을 받은 사실이 있는 자를 말하며, 보안관찰처분의 기간은 ( ㉢ )으로 한다.

① ㉠ 금고    ㉡ 3년    ㉢ 2년
② ㉠ 금고    ㉡ 3년    ㉢ 3년
③ ㉠ 자격정지  ㉡ 2년    ㉢ 2년
④ ㉠ 자격정지  ㉡ 2년    ㉢ 3년

**11.** 「북한이탈주민의 보호 및 정착지원에 관한 법률」상 다음 설명 중 가장 적절하지 않은 것은?

① 대한민국은 보호대상자를 인도주의에 입각하여 특별히 보호한다.
② 대한민국은 외국에 체류하고 있는 북한이탈주민의 보호 및 지원 등을 위하여 외교적 노력을 다하여야 한다.

③ 국가정보원장은 북한이탈주민에 대한 보호 및 지원 등을 위하여 북한이탈주민의 실태를 파악하고, 그 결과를 정책에 반영하여야 한다.

④ 보호대상자는 대한민국의 자유민주적 법질서에 적응하여 건강하고 문화적인 생활을 할 수 있도록 노력하여야 한다.

## 12. 인터폴에서 발행하는 국제수배서에 대한 설명으로 가장 적절하지 않은 것은?

① 적색수배서는 국제체포수배서로서 범죄인 인도를 목적으로 발행한다.

② 녹색수배서는 가출인의 소재 확인 또는 기억상실자 등의 신원을 확인할 목적으로 발행한다.

③ 흑색수배서는 사망자의 신원을 확인할 수 없거나 사망자가 가명을 사용하였을 경우 정확한 신원을 파악할 목적으로 발행한다.

④ 오렌지수배서는 폭발물 등에 대한 경고목적으로 발행한다.

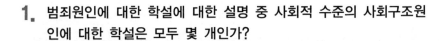

## 2015년 경찰간부후보생 공개경쟁채용 제1차시험

**1.** 범죄원인에 대한 학설에 대한 설명 중 사회적 수준의 사회구조원인에 대한 학설은 모두 몇 개인가?

| | |
|---|---|
| 가. 생물학적 이론 | 나. 사회학습이론 |
| 다. 낙인이론 | 라. 하위문화이론 |
| 마. 심리학적 이론 | 바. 동조성전념이론 |
| 사. 차별적 접촉이론 | 아. 견제이론 |
| 자. 중화기술이론 | 차. 긴장(아노미)이론 |
| 카. 사회해체론 | |

① 2개 ② 3개 ③ 4개 ④ 5개

**2.** '소년법'상 소년형사절차의 특례에 대한 설명이다. 빈 칸의 숫자를 모두 더한 값은?

가. 죄를 범할 당시 ( )세 미만인 소년에 대하여 사형 또는 무기형으로 처할 것인 때에는 ( )년의 유기형으로 한다.
나. 소년이 법정형으로 장기 ( )년 이상의 유기형에 해당하는 죄를 범한 경우에는 그 형의 범위에서 장기와 단기를 정해 선고하되, 장기는 ( )년, 단기는 ( )년을 초과하지 못한다.
다. 징역 또는 금고를 선고받은 소년에 대하여는 형의 집행 중에 ( )세가 되면 일반교도소에서 집행할 수 있다.

① 70 ② 71 ③ 73 ④ 75

**3.** '아동·청소년의 성보호에 관한 법률' 내용으로 틀린 것은?

① 폭행 또는 협박으로 아동·청소년을 강간한 사람은 무기징역 또는 5년 이상의 유기징역에 처한다.

② 아동·청소년 이용 음란물을 제작, 수입 또는 수출한 자는 무기징역 또는 5년 이상의 유기징역에 처한다.

③ 아동·청소년의 성을 사는 행위를 한 자는 1년 이상 10년 이하의 징역 또는 2천만원 이상 5천만원 이하의 벌금에 처한다.

④ 아동·청소년의 성을 사기 위하여 아동·청소년을 유인하거나 성을 팔도록 권유한 자는 3년 이하 징역 또는 3천만원 이하의 벌금에 처한다.

**4.** '청소년보호법'상 청소년유해업소 중 청소년 출입 및 고용 금지업소에 해당되지 않는 것은?

① '식품위생법'에 의한 유흥주점업, 단란주점업
② '체육시설의 설치·이용에 관한 법률'에 의한 무도학원업, 무도장업
③ '사행행위 등 규제 및 처벌 특례법'에 의한 사행행위업
④ 회비 등을 받거나 유료로 만화를 대여하는 만화대여업

**5.** 다음 설명 중 가장 적절하지 못한 것은?

① 경찰관이 실종아동등 신고를 접수한 경우에는 범죄와 관련 여부 등을 확인한 후 즉시 신고 내용을 경찰청장(실종아동찾기센터)에게 보고하여야 한다.

② 경찰관서의 장이 보호실종아동등을 수배한 후에도 보호자를 발견하지 못한 경우에는 관할 지방지차단체의 장에게 인계한다.

③ 경찰관서의 장은 실종아동등에 대하여 실종아동등 프로파일링시스템 수배일로부터 1개월까지는 10일에 1회, 1개월이 경과한 후부터는 매월 1회 보호자에게 추적진행사항을 통보하여야 한다.

④ 실종아동등의 신고는 관할에 관계없이 실종아동찾기센터, 각 지방경찰청 및 경찰서에서 전화서면·구술 등의 방법으로 접수한다.

**6.** 다음 중 수사의 조건에 관한 설명으로 옳은 것은?

① 범죄의 혐의는 구체적 사실에 근거한 수사기관의 객관적 혐의를 의미한다.

② 형사소송법은 수사의 필요성을 수사의 조건으로 명시하고 있다.

③ 수사의 필요성은 수사비례의 원칙과 관련되어 있다.

④ 폭행죄 수사에 있어서 피해자의 처벌불원 의사표시가 명백히 표시된 경우에도 수사의 필요성이 인정된다.

## 7. 수사실행의 5대 원칙에 대한 설명이다. 바르게 짝지어진 것은?

> 가. 여러 가지 추측 중에서 과연 어떤 추측이 정당한 것인가를 가리기 위해서는 그들 추측 하나하나를 모든 각도에서 검토해야 한다.
> 나. 문제해결의 관건이 되는 자료를 누락한다든지, 없어지는 일이 없도록 전력을 다하여 자료를 수집하여야 한다.
> 다. 수사에 의해 획득한 확신있는 판단은 모두에게 그 판단이 진실이라는 것을 객관적으로 증명해야 한다.
> 라. 수사는 단순한 수사관의 상식적 검토나 판단에만 그칠 것이 아니라 감식과학이나 과학적 지식 또는 그 시설장비를 유용하게 이용해야 한다.
> 마. 추측을 할 때에 수집된 자료를 기초로 합리적인 판단을 하여야 한다.

> ⓐ 수사자료 완전수집의 원칙
> ⓑ 수사자료 감식·검토의 원칙
> ⓒ 적절한 추리의 원칙
> ⓓ 검증적 수사의 원칙
> ⓔ 사실판단 증명의 원칙

① 가-ⓑ, 나-ⓐ, 다-ⓔ, 라-ⓒ, 마-ⓓ
② 가-ⓓ, 나-ⓐ, 다-ⓔ, 라-ⓑ, 마-ⓒ
③ 가-ⓒ, 나-ⓐ, 다-ⓔ, 라-ⓑ, 마-ⓓ
④ 가-ⓐ, 나-ⓑ, 다-ⓒ, 라-ⓓ, 마-ⓔ

## 8. 범죄첩보에 대한 설명 중 틀린 것은 모두 몇 개인가?

가. 수집된 첩보는 범죄 발생 관서에서 처리하는 것을 원칙으로 한다.
나. 경찰공무원이 입수한 모든 수사첩보는 범죄첩보분석시스템(CIAS)을 통하여 작성·제출함을 원칙으로 한다.
다. 내사할 정도는 아니나 추후 활용할 가치가 있는 첩보를 참고라고 한다.
라. 범죄첩보는 그 속에 하나의 원인과 결과를 내포하고 있다는 것은 범죄첩보의 특징 중 혼합성에 대한 설명이다.

① 1개　　　　② 2개　　　　③ 3개　　　　④ 4개

## 9. 다음 중 수사의 종결형식에 대하여 틀린 것은 모두 몇 개인가?

가. 피의사실이 인정되지만 피의자가 사망한 경우 '공소권 없음'
나. 고소고발사건에 대하여 혐의없음, 죄가 안됨, 공소권 없음이 명백한 경우 '각하'
다. 고소인이 소재불명인 경우에는 '기소중지'
라. 상해죄에 있어서 정당방위가 인정된다면 '죄가 안됨'
마. 피의자의 행위가 구성요건해당성이 있으나 이를 입증할 증거가 불충분한 경우 '혐의없음'
바. 강간죄의 경우 수사 도중 고소가 취소되면 '공소권 없음'

① 1개　　　　② 2개　　　　③ 3개　　　　④ 4개

## 10. 시체의 초기현상에 관한 설명 중 틀린 것은?

① 시체굳음(시체경직)은 보통 턱관절부터 시작해서 사망 후 12시간 정도면 전신에 미친다.
② 각막은 사망 후 12시간 전·후 흐려져서 48시간이 되면 불투명해진다.
③ 사망 후 10시간 후면 침윤성 시반이 형성되어 체위를 바꾸어도 이미 형성된 시체얼룩은 사라지지 않는다.

④ 백골화는 소아의 경우 사망 후 4~5년, 성인은 7~10년 후에 완전하게 이루어진다.

## 11. 다음 중 '가정폭력범죄의 처벌 등에 관한 특례법'상의 가정폭력범죄에 해당하지 않는 것은?

① 명예훼손
② 출판물등에 의한 명예훼손
③ 재물손괴
④ 퇴거불응

## 12. 경호에 대한 설명으로 옳지 않은 것은 모두 몇 개인가?

> 가. 경호란 경호 대상자의 생명과 신체에 가하여지는 위해(危害)를 방지하거나 제거하고, 특정 지역을 경계·순찰 및 방비하는 등의 모든 안전활동이다.
> 나. 연도경호는 물적 위해요소가 방대하여 엄격하고 통제된 3중 경호 원리를 적용하기 어렵다.
> 다. 행사장 경호에 있어 제1선은 경비구역으로 MD를 설치·운용하고 비표확인 및 출입자 감시가 이루어진다.
> 라. 행사장 경호에 있어 제3선은 경계구역으로서 돌발사태에 대비하여 예비대 및 비상통로, 소방차, 구급차 등을 확보한다.

① 1개        ② 2개        ③ 3개        ④ 4개

## 13. 다음은 경비경찰권의 조리상 한계에 관한 설명으로 틀린 것은?

① 경찰소극목적의 원칙 - 경찰행정의 목적은 공공의 안녕과 질서의 유지에 있는 것이므로 법령에 특별한 규정이 없는 한, 경비경찰권은 소극적인 사회질서유지를 위해서만 발동하는 데 그친다.
② 경찰비례의 원칙 - 공공의 안녕·질서에 대한 경미한 장애를 제거하기 위하여 중대한 개인의 권리를 제한하는 것은 허용되지 않는다는 것을

말한다. 경찰권 발동의 정도는 최소한의 정도에 그쳐야 한다.

③ 경찰책임의 원칙 - 경찰권은 원칙적으로 경찰위반의 상태 즉, 사회공공의 안녕·질서에 대한 위험에 대해 직접적으로 책임을 질 지위에 있는 자(경찰책임자)에게만 발동될 수 있다.

④ 보충성의 원칙 - 경찰의 업무수행과정에서 국민의 협력을 구해야 하고 국민이 스스로 협조해 줄 때 효과적인 업무수행이 가능하다.

## 14. 다음 내용이 설명하는 경비경찰의 원칙 중 가장 옳은 것은?

> 가. 경비상황에 대비하여 경력을 운용할 경우에 상황에 따라 균형 있는 경력운용을 해야하며, 주력부대와 예비대를 적절하게 활용하여 한정된 경력으로 최대의 성과를 올려야한다.
> 나. 경력을 동원하여 실력으로 상대방을 제압해야 하는 경우에는 부대위치와 지형지물의 이용 등 유리한 지점과 위치를 확보해야 한다.
> 다. 경력을 동원하여 물리력으로 상대방을 제압할 경우에는 상대의 허약한 시점을 포함하여 적절한 실력행사를 해야 한다.
> 라. 경비사태 발생 시에 진압과정에서 경찰이나 시민의 사고가 없어야 하며, 경찰작전시 새로운 변수의 발생을 방지해야 한다.

① 경비경찰의 공공의 원칙
② 경비경찰의 조직운영의 원칙
③ 경비경찰의 수단의 원칙
④ 경비경찰의 작전의 원칙

## 15. 다음 중 긴급자동차의 우선 통행 및 특례에 대한 설명으로 가장 틀린 것은?

① 긴급자동차는 긴급하고 부득이한 때에는 도로의 중앙 좌측부분을 통행할 수 있다.
② 긴급자동차는 도로교통법의 규정에 의하여 정지하여야 할 경우에도 긴급하고 부득이한 경우 정지하지 아니할 수 있다.
③ ①,②의 경우 교통사고가 발생하여도 긴급자동차의 특례로 인정받아 처

벌이 면제된다.

④ 긴급자동차는 교통이 빈번한 교차로에서 반드시 일시정지 해야 할 필요가 없다.

## 16. 다음 중 도로교통과 관련된 신뢰의 원칙에 관한 내용으로 틀린 것은 모두 몇 개인가?(판례에 의함)

> 가. 특별한 사정이 없는 한 고속도로를 운행하는 자동차의 운전자는 보행자가 나타날 것을 예견하여 제한속도 이하로 감속 운행할 주의의무가 없다.
> 나. 고속도로상이라 하더라도 제동거리 밖의 무단횡단자를 발견했을 경우 사고를 미연에 방지할 의무가 있다.
> 다. 특별한 사정이 없는 한 반대차로를 운행하는 차가 갑자기 중앙선을 넘어올 것까지 예견하여 감속해야 할 주의의무는 없다.
> 라. 보행자신호가 적색인 경우 반대차로 상에서 정지하여 있는 차량의 뒤로 보행자가 횡단보도를 건너올 수 있다는 것까지 예상할 주의의무는 없다.
> 마. 보행자신호의 녹색등이 점멸하는 때에는 보도 위에 서 있던 보행자가 갑자기 뛰기 시작하면서 보행을 시작할 수도 있다는 것까지 예상할 주의의무는 없다.

① 1개      ② 2개      ③ 3개      ④ 4개

## 17. 다음 중 특정범죄가중처벌등에 관한 법률위반(도주차량)에 해당하는 것은 몇 개인가?(판례에 의함)

> 가. 사고를 야기한 후 자신의 범행을 은폐하기 위해 목격자라고 경찰에 허위신고한 경우
> 나. 사고 후 자신의 명함을 주고 택시에게 피해자 이송의뢰를 하였으나 피해자가 경찰이 도착하기 전에는 병원에 가지 않겠다고 하여 이송을 못하고 있는 사이 현장을 이탈한 경우
> 다. 교회 주차장에서 교통사고를 야기하여 사람을 다치게 하고도 구호

조치 없이 도주한 경우
라. 교통사고를 야기한 운전자가 피해자를 병원에 후송한 후 신원을 밝히지 아니한 채 도주한 경우

① 1개      ② 2개      ③ 3개      ④ 4개

**18.** 2014년 12월 20일 토요일, 서울광장에서 한·중 FTA 반대 집회가 진행 중이다. 집회현장에서의 확성기 소음기준('집회 및 시위에 관한 법률 시행령')으로 빈 칸의 숫자를 순서대로 바르게 나열한 것은?

단위 : Leq dB(A)

| 시간대<br>대상지역 | 주간<br>(해 뜬 후 ~ 해 지기 전) | 야간<br>(해 진 후 ~ 해 뜨기 전) |
|---|---|---|
| 주거지역,<br>학교 | ( 가 ) 이하 | ( 나 ) 이하 |
| 기타 지역 | ( 다 ) 이하 | ( 라 ) 이하 |

① 65 - 60 - 75 - 65      ② 60 - 50 - 70 - 60
③ 65 - 55 - 80 - 70      ④ 65 - 60 - 80 - 70

**19.** 정보를 분석형태에 따라 분류할 때 이에 해당하지 않는 것은?

① 기본정보      ② 기술정보
③ 현용정보      ④ 판단정보

20. 다음 중 집회 및 시위에 관한 내용으로서 빈 칸의 숫자가 옳은 것은?

가. 옥외집회나 시위를 주최하려는 자는 그에 관한 사항 모두를 적은 신고서를 옥외집회나 시위를 시작하기 ( )시간 전부터 ( )시간 전에 관할 경찰서장에게 제출하여야 한다.
나. 관할경찰관서장은 신고서의 기재사항에 미비한 점을 발견하면 접수증을 교부한 때부터 ( )시간 이내에 주최자에게 ( )시간을 기한

> 으로 그 기재사항을 보완할 것을 통고할 수 있다.
>
> 다. 신고서를 접수한 관할경찰관서장은 신고된 옥외집회 또는 시위가 다음 각 호의 어느 하나에 해당하는 때에는 신고서를 접수한 때부터 ( )시간 이내에 집회 또는 시위를 금지할 것을 주최자에게 통고할 수 있다.
>
> 라. 집회 또는 시위의 주최자는 제8조에 따른 금지 통고를 받은 날부터 ( )일 이내에 해당 경찰관서의 바로 위의 상급경찰관서의 장에게 이의를 신청할 수 있다.

① 가. (720) − (48), 나. (24) − (12), 다. (48), 라. (10)

② 가. (720) − (48), 나. (24) − (24), 다. (48), 라. (7)

③ 가. (720) − (48), 나. (12) − (24), 다. (48), 라. (10)

④ 가. (720) − (24), 나. (12) − (24), 다. (24), 라. (7)

## 21. '국가보안법'의 내용으로 틀린 것은?

① 검사 또는 사법경찰관으로부터 이 법에 정한 죄의 참고인으로 출석을 요구받은 자가 정당한 이유 없이 2회 이상 출석요구에 불응한 때에는 관할법원 판사의 구속영장을 발부받아 구인할 수 있다.

② 검사는 이 법의 죄를 범한 자에 대하여 형법상 양형조건을 참작하여 공소제기를 보류할 수 있다.

③ 공소보류를 받은 자가 공소의 제기 없이 2년을 경과한 때에는 소추할 수 없다.

④ 공소보류가 취소된 경우에는 동일한 범죄사실로 재구속할 수 없다.

## 22. '북한이탈주민의 보호 및 정착지원에 관한 법률'에 대한 사항으로 가장 틀린 것은?

① 북한이탈주민 문제는 발생·입국 단계, 보호·관리 단계, 배출·정착 단계로 구분된다.

② 통일부장관은 북한이탈주민이 국가안전보장에 현저한 영향을 줄 우려가 있는 사람인지 여부에 관하여 일차적 판단을 하여 그 보호여부를 결

정하고, 그 결과를 지체 없이 보호신청자와 국가정보원장에게 통보하거나 알려야 한다.

③ 국내 입국 후 1년이 지나서 보호신청을 한 사람은 보호대상자로 결정하지 아니할 수 있다.

④ 보호대상자는 북한이나 외국에서 이수한 학교 교육의 과정에 상응하는 학력을 인정받을 수 있다.

## 23. 다음 중 사증 없이 입국할 수 있는 외국인이 아닌 것은 ?

① 재입국허가를 받은 자 또는 재입국허가가 면제된 자로서 그 허가 또는 면제받은 기간이 만료되기 전에 입국하는 자

② 대한민국과 사증면제협정을 체결한 국가의 국민으로서 그 협정에 의하여 면제대상이 되는 자

③ 대한민국의 이익 등과 관련하여 외교부장관이 인정한 사람

④ 난민여행증명서를 발급받고 출국하여 그 유효기간이 만료되기 전에 입국하는 자

## 24. 다음 범죄인 인도의 원칙에 대한 설명 중 틀린 것은 모두 몇 개인가?

가. 정치범 불인도의 원칙과 관련하여 우리나라는 명문규정이 있으며, 집단살해·전쟁범죄는 예외적으로 인도한다.

나. 군사범 불인도의 원칙이란 군사적 의무관계에서 기인하는 범죄자는 인도하지 않는다는 원칙으로, 우리나라는 군사범 불인도의 원칙을 명문으로 규정하고 있다.

다. 유용성의 원칙이란 어느정도 중요성을 띤 범죄만 인도한다는 원칙으로 우리나라는 명문으로 규정하고 있다.

라. 자국민 불인도의 원칙이란 범죄인 인도대상이 자국민일 경우 청구국에 인도하지 않는다는 원칙으로 영미법계 국가들은 이 원칙을 채택하고 있다.

① 1개           ② 2개           ③ 3개           ④ 4개

**25.** 다음 중 '범죄인인도법'상 임의적 인도거절 사유가 아닌 것은?

① 범죄인이 대한민국 국민인 경우

② 인도범죄의 전부 또는 일부가 대한민국 영역에서 범한 것인 경우

③ 범죄인이 인도범죄 외의 범죄에 관하여 대한민국 법원에 재판이 계속 중인 경우 또는 범죄인이 형을 선고받고 그 집행이 끝나거나 면제된 경우

④ 범죄인이 인도범죄에 관하여 제3국에서 재판을 받고 처벌 되었거나 처벌받

경찰학 객관식기출문제

정답

1 ②, 2 ③, 3 ④, 4 ④, 5 ③, 6 ②, 7 ②, 8 ②, 9 ②, 10 ④, 11 ④,
12 ②, 13 ④, 14 ③, 15 ③, 16 ①, 17 ④, 18 ①, 19 ②, 20 ③, 21 ④,
22 ②, 23 ③, 24 ③, 25 ③

150

**1.** 열린 음악회에 인기 아이돌 가수들이 대거 출연하여 많은 관객들이 입장할 것으로 예상된다. 안전사고 등을 미연에 방지하고자 하는 경비유형으로 가장 적절한 것은?

① 치안경비      ② 특수경비
③ 경호경비      ④ 혼잡경비

**2.** 「통합방위법」에 관한 다음 설명 중 가장 적절하지 않은 것은?

① '갑종사태'란 일정한 조직체계를 갖춘 적의 대규모 병력 침투 또는 대량 살상무기 공격 등의 도발로 발생한 비상사태로서 통합방위본부장 또는 지역군사령관의 지휘·통제 하에 통합방위작전을 수행하여야 할 사태를 말한다.

② '국가중요시설'이란 공공기관, 공항·항만, 주요 산업시설 등 적에 의하여 점령 또는 파괴되거나 기능이 마비될 경우 국가안보와 국민생활에 심각한 영향을 주게 되는 시설을 말한다.

③ 국가중요시설은 국방부장관이 관계행정기관의 장 및 국가정보원장과 협의하여 지정한다.

④ 지방경찰청장, 지역군사령관 또는 함대사령관은 둘 이상의 시·도에 걸쳐 병종사태에 해당하는 상황이 발생하였을 때 즉시 국방부장관에게 통합방위사태의 선포를 건의하여야 한다.

**3.** 「가정폭력범죄의 처벌 등에 관한 특례법」에 대한 다음 설명 중 가장 적절하지 않은 것은?

① 사법경찰관은 가정폭력범죄에 대한 응급조치에도 불구하고 재발될 우려가 있고, 긴급을 요하여 검사의 임시조치 결정을 받을 수 없는 경우에도 긴급임시조치를 할 수 있다.

② 누구든지 가정폭력범죄를 알게 된 경우에는 수사기관에 신고할 수 있다.

③ 모욕, 명예훼손, 재물손괴, 강간, 강제추행은 가정폭력범죄에 해당한다.

④ '가정폭력'이란 가정구성원 사이의 신체적, 정신적 또는 재산상 피해를 수반하는 행위를 말하며, 사실상 혼인관계에 있는 사람도 가정구성원에 해당한다.

**4.** 「도로교통법」상 다음 보기의 운전면허결격기간을 모두 합한 것으로 옳은 것은?

---

㉠ 허위 또는 부정의 수단으로 운전면허를 취득한 경우
㉡ 과로상태운전으로 사람을 사상한 후 필요한 조치 및 신고를 하지 아니한 경우
㉢ 음주운전의 규정을 3회 이상 위반하여 운전면허가 취소된 경우
㉣ 적성검사를 받지 아니하여 운전면허가 취소된 경우

---

① 9년          ② 9년 6개월

③ 10년         ④ 10년 6개월

**5.** 「도로교통법」상 용어의 정의에 관한 다음 설명 중 가장 적절하지 않은 것은?

① '자동차전용도로'란 자동차만 다닐 수 있도록 설치된 도로를 말한다.

② '길가장자리구역'이란 보도와 차도가 구분된 도로에서 보행자의 안전을 확보하기 위하여 안전표지 등으로 경계를 표시한 도로의 가장자리 부분을 말한다.

③ '차선'이란 차로와 차로를 구분하기 위하여 그 경계지점을 안전표지로 표시한 선을 말한다.

④ '정차'란 운전자가 5분을 초과하지 아니하고 차를 정지시키는 것으로서 주차 외의 정지 상태를 말한다.

**6.** 다음 보기의 상황에 따른 정보요구방법이 올바르게 연결된 것은?

> ㉠ 각 정보부서에 맡고 있는 정책을 수행함에 있어서 필요한 일반적·포괄적 정보로서 계속적이고 반복적으로 수집해야 할 필요가 있는 경우
>
> ㉡ 어떤 수시적 돌발상황의 해결에 필요한 한도 내에서 임시적·단편적·지역적인 특수사건을 단기에 해결하기 위하여 필요한 경우
>
> ㉢ 국가안전보장이나 정책에 관련되는 국가정보목표의 우선순위로서, 정부에서 기획된 연간 기본정책을 수행함에 있어 필요로 하는 자료들을 목표로 하여 선정하는 경우
>
> ㉣ 정세의 변화에 따라 불가피하게 정책상 수정이 요구되거나 이를 위한 자료가 절실히 요구되는 경우

① ㉠ PNIO  ㉡ SRI  ㉢ EEI  ㉣ OIR
② ㉠ EEI  ㉡ SRI  ㉢ PNIO  ㉣ OIR
③ ㉠ PNIO  ㉡ OIR  ㉢ EEI  ㉣ SRI
④ ㉠ EEI  ㉡ OIR  ㉢ PNIO  ㉣ SRI

**7.** 「집회 및 시위에 관한 법률」에 관한 다음 설명 중 가장 적절하지 않은 것은?

① 관할경찰관서장은 집회 또는 시위의 시간과 장소가 중복되는 2개 이상의 신고가 있는 경우 그 목적으로 보아 서로 상반되거나 방해가 된다고 인정되면 뒤에 접수된 집회 또는 시위에 대하여 그 집회 또는 시위의 금지를 통고하여야 한다.

② 집회 또는 시위의 주최자는 금지통고를 받은 날부터 10일 이내에 해당 경찰관서의 바로 위의 상급경찰관서의 장에게 이의를 신청할 수 있다.

③ 관할경찰관서장은 신고서의 기재 사항에 미비한 점을 발견하면 접수증을 교부한 때부터 12시간 이내에 주최자에게 24시간을 기한으로 그 기재 사항을 보완할 것을 통고할 수 있다.

④ 집회 또는 시위의 주최자가 질서유지인을 두고 도로를 행진하는 경우에는 교통소통을 위한 금지를 할 수 없다. 다만, 해당 도로와 주변 도

로의 교통 소통에 장애를 발생시켜 심각한 교통 불편을 줄 우려가 있으면 금지를 할 수 있다.

**8.** 「보안관찰법」에 관한 다음 설명 중 가장 적절한 것은?

① '보안관찰처분대상자'라 함은 보안관찰해당범죄 또는 이와 경합된 범죄로 벌금 이상의 형의 선고를 받고, 형의 전부 또는 일부의 집행을 받은 사실이 있는 자를 말한다.

② 보안관찰처분 기간은 2년이며, 그 기간은 갱신할 수 없다.

③ 「형법」상 범죄 중 내란목적살인죄, 외환유치죄, 여적죄, 모병이적죄, 시설제공이적죄, 간첩죄는 보안관찰 해당범죄이다.

④ 보안관찰처분의 집행중지결정은 관할경찰서장이 한다.

**9.** 다음 「국가보안법」상 죄명 중 '행위주체에 제한이 있는 것'은 모두 몇 개인가?

> ㉠ 자진지원죄(제5조 제1항)
> ㉡ 금품수수죄(제5조 제2항)
> ㉢ 목적수행죄(제4조 제1항)
> ㉣ 잠입·탈출죄(제6조 제2항)
> ㉤ 직권남용 무고·날조죄(제12조 제2항)
> ㉥ 이적단체 구성·가입죄(제7조 제3항)

① 2개                        ② 3개
③ 4개                        ④ 5개

**10.** 「범죄인인도법」상 '절대적 인도거절사유'에 해당하지 않는 것은?

① 인도범죄에 관하여 대한민국 법원에서 재판이 계속 중이거나 재판이 확정된 경우

② 대한민국 또는 청구국의 법률에 의하여 인도범죄에 관한 공소시효 또는 형의 시효가 완성된 경우

③ 인도범죄의 성격과 범죄인이 처한 환경 등에 비추어 범죄인을 인도하는 것이 비인도적이라고 인정되는 경우

④ 범죄인이 인종, 종교, 국적, 성별, 정치적 신념 또는 특정사회단체에 속한 것 등을 이유로 처벌되거나 그 밖의 불리한 처분을 받을 염려가 있다고 인정되는 경우

## 11. 외국인 입·출국에 관한 다음 설명 중 옳지 않은 것은 모두 몇 개인가?

> ㉠ 법무부장관은 사증 발급에 관한 권한을 대통령령으로 정하는 바에 따라 재외공관의 장에게 위임할 수 있다.
> ㉡ 지방출입국·외국인관서의 장은 조난을 당한 선박 등에 타고 있는 외국인(승무원을 포함한다)을 긴급히 구조할 필요가 있다고 인정하면 그 선박 등의 장, 운수업자, 「수난구호법」에 따른 구호업무 집행자 또는 그 외국인을 구조한 선박 등의 장의 신청에 의하여 90일의 범위에서 재난 상륙허가를 할 수 있다.
> ㉢ 형사재판에 계속 중이거나 금고 이상의 형의 선고를 받고 석방된 자는 출국을 정지할 수 있다.
> ㉣ 외국인의 강제출국은 형벌이다.

① 4개          ② 3개          ③ 2개          ④ 1개

## 2014년 제1차 경찰공무원(순경) 채용시험 문제

**1.** 다음 중 「보안업무규정 시행규칙」상 비밀 또는 주요시설 및 자재에 대한 비인가자의 접근을 방지하기 위하여 그 출입에 안내가 요구되는 보호구역은?

① 통제구역　　② 통제지역　　③ 제한지역　　④ 제한구역

**2.** 다음은 '범죄 통제이론'을 설명한 것이다. 가장 적절하지 않은 것은?

① '억제이론'은 인간의 합리적 판단이 범죄 행동에도 적용된다고 보아서 폭력과 같은 충동적 범죄에는 적용에 한계가 있다.

② '치료 및 갱생이론'은 결정론적 인간관에 입각하여 특별예방효과에 중점을 둔다.

③ '일상활동이론'의 범죄발생 3요소는 '동기가 부여된 잠재적 범죄자', '적절한 대상', '범행의 기술'이다.

④ 로버트 샘슨은 지역주민 간의 상호신뢰 또는 연대감과 범죄에 대한 적극적인 개입을 강조하는 '집합효율성이론'을 주장하였다.

**3.** 다음 보기 중 「지역경찰의 조직 및 운영에 관한 규칙」상 지역경찰의 근무종류와 그 업무를 연결한 것으로 옳은 것은 모두 몇 개인가?

> ㉠ 행정근무 – 방문민원 및 각종 신고사건의 접수 및 처리
> ㉡ 상황근무 – 요보호자 또는 피의자에 대한 보호·감시
> ㉢ 상황근무 – 중요 사건·사고 발생시 보고 및 전파
> ㉣ 순찰근무 – 주민여론 및 범죄첩보 수집
> ㉤ 경계근무 – 비상 및 작전사태 등 발생시 차량, 선박 등의 통행 통제

① 1개　　② 2개　　③ 3개　　④ 4개

**4.** 다음은 다중범죄 진압경비에 대한 설명이다. 가장 적절하지 않은 것은?

① 다중범죄의 특성으로는 부화뇌동적 파급성, 비이성적 단순성, 확신적 행동성, 조직적 연계성이 있다.

② 진압의 3대원칙으로는 신속한 해산, 주모자 체포, 재집결 방지가 있다.

③ 진압의 기본원칙 중 군중이 목적지에 집결하기 이전에 중간에서 차단하여 집합을 하지 못하게 하는 방법은 차단·배제이다.

④ 다중범죄의 정책적 치료법 중 불만집단과 반대되는 대중의견을 크게 부각시켜 불만집단이 위압되어 스스로 해산 및 분산되도록 하는 방법은 전이법이다.

**5.** 다음 보기 중 「청원경찰법」상 청원경찰을 설명한 것으로 틀린 것은 모두 몇 개인가?

> ⊙ 청원경찰은 청원경찰의 배치 결정을 받은 자(이하 청원주)와 배치된 기관·시설 또는 사업장 등의 구역을 관할하는 경찰서장의 감독을 받아 그 경비구역만의 경비를 목적으로 필요한 범위에서 「경찰관직무집행법」에 따른 경찰관의 직무를 수행한다.
> ⓛ 청원경찰은 청원주가 임용하되, 임용을 할 때에는 미리 지방경찰청장의 승인을 받아야 한다.
> ⓒ 지방경찰청장은 청원경찰이 직무를 수행하기 위하여 필요하다고 인정하면 청원주의 신청을 받아 관할 경찰서장으로 하여금 청원경찰에게 무기를 대여하여 지니게 할 수 있다.
> ⓡ 청원경찰에 대한 징계 종류로는 파면, 해임, 강등, 감봉, 견책이 있다.
> ⓜ 청원경찰이 직무를 수행할 때 직권을 남용하여 국민에게 해를 끼친 경우에는 「청원경찰법」 제10조에 의하여 1년 이하의 징역이나 금고에 처한다.

① 0개          ② 1개          ③ 2개          ④ 3개

**6.** 「도로교통법 시행규칙」상 도로상태가 위험하거나 도로 또는 그 부근에 위험물이 있는 경우에 필요한 안전조치를 할 수 있도록 이를 도로사용자에게 알리는 '안전표지'는 무엇인가?

① 주의표지    ② 규제표지    ③ 지시표지    ④ 보조표지

**7.** 다음은 「도로교통법 시행규칙」상 제1종 보통운전면허와 제2종 보통운전면허로 운전할 수 있는 차량이다. 괄호 안에 들어갈 숫자의 총 합은?

> < 제1종 보통운전면허 >
> ㉠ 승차정원 (  )인 이하의 긴급자동차(승용 및 승합자동차에 한정한다)
> ㉡ 적재중량 (  )톤 미만의 화물자동차
> ㉢ 총 중량 (  )톤 미만의 특수자동차(트레일러 및 레커는 제외한다)

> < 제2종 보통운전면허 >
> ㉠ 승차정원 (  )인 이하의 승합자동차
> ㉡ 적재중량 (  )톤 이하의 화물자동차

① 41    ② 45    ③ 48    ④ 51

**8.** 다음 중 정보의 분석형태에 따라 분류한 것은?

① 전략정보, 전술정보
② 적극정보, 소극(보안)정보
③ 정치정보, 경제정보, 사회정보, 군사정보, 과학정보
④ 기본정보, 현용정보, 판단정보

## 9. 다음 보기 중 「집회 및 시위에 관한 법률」에 대한 설명으로 옳은 것은 모두 몇 개인가?

> ㉠ 옥외집회 또는 시위 장소가 두 곳 이상의 경찰서의 관할에 속하는 경우에는 관할 지방경찰청장에게 제출하여야 하고, 두 곳 이상의 지방경찰청 관할에 속하는 경우에는 경찰청장에게 제출하여야 한다.
>
> ㉡ 관할 경찰관서장은 「집회 및 시위에 관한 법률」 제6조 제1항에 따른 신고서의 기재 사항에 미비한 점을 발견하면 접수증을 교부한 때부터 24시간 이내에 주최자에게 12시간을 기한으로 그 기재 사항을 보완할 것을 통고할 수 있다.
>
> ㉢ 금지통고를 받은 주최자는 금지통고를 받은 날로부터 10일 이내에 해당 경찰관서의 바로 위의 상급 경찰관서의 장에게 이의를 신청할 수 있다.
>
> ㉣ '주최자'라 함은 자기 이름으로 자기 책임 아래 집회 또는 시위를 개최하는 사람 또는 단체를 말하며, 주최자는 질서유지인을 따로 두어 집회 또는 시위의 실행을 맡아 관리하도록 위임할 수 있다.
>
> ㉤ 집회 또는 시위의 주최자 및 질서유지인은 특정한 사람이나 단체가 집회나 시위에 참가하는 것을 막을 수 있다. 다만, 언론사의 기자는 출입이 보장되어야 하며, 이 경우 기자는 신분증을 제시하고 기자임을 표시한 완장을 착용하여야 한다.

① 1개　　　② 2개　　　③ 3개　　　④ 4개

## 10. 다음 보기 중 「국가보안법」에 관한 설명으로 틀린 것은 모두 몇 개인가?

> ㉠ 「국가보안법」 제10조 불고지죄는 법정형이 5년 이하의 징역 또는 300만원 이하의 벌금으로 국가보안법 중 유일하게 선택형으로 벌금형을 두고 있다.
>
> ㉡ 「국가보안법」의 죄를 범한 후 자수한 때에는 그 형을 감경 또는 면제한다.

ⓒ 공소보류 결정을 받은 자가 공소제기 없이 2년이 경과한 때에는 소추할 수 없다.

ⓔ 검사 또는 사법경찰관으로부터 「국가보안법」에 정한 죄의 참고인 으로 출석을 요구받은 자가 정당한 이유 없이 2회 이상 출석요구 에 불응한 때에는 관할법원판사의 구속영장을 발부받아 구인할 수 있다.

① 0개          ② 1개          ③ 2개          ④ 3개

## 11. 다음은 「보안관찰법」상 '보안관찰처분'을 설명한 것이다. 가장 적절한 것은?

① '보안관찰처분대상자'라 함은 보안관찰해당범죄 또는 이와 경합된 범죄 로 금고 이상의 형의 선고를 받고 그 형기 합계가 2년 이상인 자로서 형의 전부 또는 일부의 집행을 받은 사실이 있는 자를 말한다.

② 보안관찰처분의 기간은 2년으로 하며, 법무부장관은 검사의 청구가 있 는 때에는 보안관찰처분심의위원회의 의결을 거쳐 그 기간을 갱신할 수 있다.

③ 보안관찰처분대상자는 출소 후 2개월 이내에 그 거주예정지 관할경찰 서장에게 출소사실을 신고하여야 한다.

④ 검사는 피보안관찰자가 도주하거나 1월 이상 그 소재가 불명한 때에는 보안관찰처분의 집행중지결정을 할 수 있으며, 그 사유가 소멸된 때에 는 7일 이내에 그 결정을 취소하여야 한다.

## 12. 다음의 설명은 '범죄인인도원칙' 중 어떤 원칙에 관한 것인가?

인도청구가 있는 범죄가 청구국과 피청구국 쌍방의 법률에 의하여 범 죄를 구성하지 않는 경우에는 그 범죄에 관하여 범죄인을 인도하 지 않는다.

① 쌍방가벌성의 원칙          ② 특정성의 원칙
③ 자국민 불인도의 원칙          ④ 상호주의 원칙

**13.** 다음 보기 중 「출입국관리법」상 외국인의 강제퇴거 대상으로 틀린 것은 모두 몇 개인가?

> ㉠ 유효한 여권 또는 사증 없이 입국한 자
> ㉡ 입국금지 해당사유가 입국 후에 발견되거나 발생한 자
> ㉢ 체류자격 외의 활동을 하거나 체류기간이 경과한 자
> ㉣ 상륙허가 없이 상륙하였거나 상륙허가 조건을 위반한 자
> ㉤ 금고 이상의 형의 선고를 받고 석방된 자

① 0개           ② 1개           ③ 2개           ④ 3개

## 2014년 경찰간부후보생 공개경쟁채용 제1차시험

**1.** 다음 중 범죄 원인에 대한 학설의 설명으로 가장 옳지 않은 것은?

① 문화전파이론은 범죄를 부추기는 가치관으로의 사회화나 범죄에 대한 구조적, 문화적 유인에 대한 자기통제상실을 범죄의 원인으로 본다.

② 낙인이론은 범죄자로 만드는 것이 행위의 질적인 면이 아니라 사람들의 인식이라고 본다.

③ 중화기술이론은 자기행위가 실정법상 위법하다는 것을 알지만 그럴 듯한 구실이나 이유를 내세워 자신의 행위를 도덕적으로 문제 없는 정당한 행위로 합리화시켜 준법정신이나 가치관을 마비시킴으로써 범죄에 나아간다는 이론을 말한다.

④ 긴장이론은 비행을 제지할 수 있는 사회적 통제의 결속과 유대의 약화로 인하여 범죄가 발생한다고 본다.

**2.** 다음은 총포·도검·화약류 등 단속법 상 용어를 정리한 것이다. 가장 옳은 것은 무엇인가?

① '총포'란 권총·소총·기관총·포·엽총, 금속성 탄알이나 가스 등을 쏠 수 있는 장약총포, 공기총으로 대통령령이 정하는 것을 말한다. 단, 총포신·기관부등 그 부품은 제외한다.

② '도검'이란 칼날의 길이가 15cm이상 되는 칼·검·창·치도·비수 등으로서 성질상 흉기로 쓰이는 것만을 의미한다.

③ '화약류'라 함은 화약·폭약을 말한다. 단, 화공품은 제외한다.

④ '전자충격기'란 사람의 활동을 일시적으로 곤란하게 하는 강한 전류를 방류하는 기기로서 대통령령이 정하는 것을 말한다.

**3.** 다음 중 전통적 경찰활동과 비교할 때 지역사회 경찰활동에 대한 설명으로 가장 옳지 않은 것은 무엇인가?

① 범죄신고에 대한 반응시간이 얼마나 짧은가로 효율성을 평가한다.

② 경찰과 시민 모두 범죄방지의 의무가 있다고 본다.

③ 지역사회의 요구에 부응하는 분권화된 경찰관 개개인의 능력을 강조한다.

④ 범죄와 무질서가 얼마나 적은가로 업무를 평가한다.

**4.** 다음 중 행사안전경비에 대한 설명으로 가장 옳지 않은 것은?

① 행사안전경비는 대규모의 공연, 기념행사, 경기대회, 제례의식 등 기타 각종 행사를 위해 모인 조직화된 군중에 의하여 발생하는 자연적인 혼란상태를 사전에 예방하거나 경계하고, 위험한 사태가 발생한 경우에 신속히 조치하여 확대되는 것을 방지하는 경비경찰활동을 말한다.

② 군중정리의 원칙에는 밀도의 희박화, 이동의 일정화, 경쟁적 사태의 해소, 지시의 철저가 있다.

③ 군중은 자기의 위치와 갈 곳을 잘 몰라 불안감을 가지므로 이를 해소시키기 위하여 일정한 방향과 속도로 이동시켜 주위의 상황을 파악할 수 있는 여건을 조성함으로써 심리적 안정감을 갖도록 해야 한다는 것은 '이동의 일정화'에 대한 내용이다.

④ 행사안전경비의 법적 근거에는 경찰법 제3조, 경찰관직무집행법 제5조 등이 있다.

**5.** 지문에 대한 설명으로 옳지 않은 것은 모두 몇 개인가?

> 가. 정상지문 – 먼지 쌓인 물체, 연한 점토, 마르지 않은 도장면에 인상된 지문으로 선의 고랑과 이랑이 반대로 현출된다.
> 나. 준현장지문 – 피의자 검거를 위해 범죄현장에서 채취한 피의자의 지문을 말한다.
> 다. 관계자지문 – 현장지문, 준현장지문 중에서 범인이 남긴 것으로 추정되는 지문을 말한다.

> 라. 잠재지문 – 이화학적 가공을 하여야 비로소 가시상태로 되는 지문
> 으로 채취 방법에는 고체법, 기체법, 액체법 등이 있다.

① 1개          ② 2개          ③ 3개          ④ 4개

**6.** 다음 중 마약류관리에관한법률 상 향정신성의약품에 관한 설명으로 옳지 않은 것은 모두 몇 개인가?

> 가. 야바(YABA)는 카페인·에페드린·밀가루 등에 필로폰을 혼합한 것으로 순도가 높다.
> 나. 덱스트로 메트로판은 강한 중추신경 억제성 진해작용이 있으나, 의존성과 독성은 없어 코데인 대용으로 널리 사용된다.
> 다. LSD는 각성제 중 가장 강력한 효과를 나타내며 캡슐, 정제, 액체 형태로 사용된다.
> 라. GHB(물뽕)은 무색무취의 짠맛이 나는 액체로써 '데이트 강간 약물'로도 불린다.
> 마. 카리소프로돌(일명 S정)은 중추신경에 작용하여 골격근 이완의 효과가 있는 근골격계 질환 치료제로서 과다복용 시 치명적으로 인사불성, 혼수쇼크, 호흡저하를 가져오며 사망까지 이를 수 있다.
> 바. 페이요트(Peyote)는 미국의 텍사스나 멕시코 북부지역에서 자생하는 선인장인 메스카린에서 추출·합성한 향정신성의약품이다.

① 2개          ② 3개          ③ 4개          ④ 5개

**7.** 다음 중 수사의 종결형식에 대한 설명으로 가장 옳지 않은 것은?

① 피의사실이 범죄를 구성하지 않는 경우 '죄가 안됨'처분을 한다.
② 고소·고발사건에서 혐의없음·죄가 안됨·공소권없음 사유가 있음이 명백한 경우 '각하'처분을 한다.
③ 피의자의 소재가 판명되지 않는 경우 '기소중지'처분을 한다.
④ 피의사실에 대하여 소송조건이 결여된 경우에는 '공소권 없음'처분을 한다.

## 8. 사이버범죄의 특징으로 옳은 것은 모두 몇 개인가?

> 가. 죄의식이 희박하고 범행이 되풀이 될 가능성이 높다.
> 나. 광역성을 띠고 있고, 익명성을 과신한다.
> 다. 발견과 증명은 물론 고의 입증이 용이하다.
> 라. 개인적인 보복이나 경제적 이익의 취득을 목적으로 행하여지기도 한다.
> 마. 행위자의 연령이 낮고 초범인 경우가 많다.

① 1개    ② 2개    ③ 3개    ④ 4개

## 9. 다음 중 가정폭력범죄의처벌등에관한특례법에 관한 설명으로 가장 옳은 것은 무엇인가?

① 가정구성원의 범위에는 동거하는 친족 관계에 있는 자 또는 있었던 자가 포함된다.

② 피해자에게 고소할 법정대리인이나 친족이 없는 경우에 이해관계인이 신청하면 검사는 10일 이내에 고소할 수 있는 사람을 지정할 수 있다.

③ 가정폭력범죄에는 아동혹사, 명예훼손, 협박, 학대, 상해, 주거·신체수색, 강간, 강제추행 등이 있다.

④ 사법경찰관은 응급조치에도 불구하고 가정폭력범죄가 재발될 우려가 있고, 긴급을 요하여 법원의 임시조치 결정을 받을 수 없을 때에는 피해자나 그 법정대리인의 신청에 의해서만 긴급임시조치를 할 수 있다.

## 10. 우리나라 경비업에 대한 설명으로 가장 옳지 않은 것은?

① 경비업법상 경비업무에는 시설경비, 신변보호, 특수경비, 호송경비, 기계경비업무가 있다.

② 특수경비업무는 사람의 생명이나 신체에 대한 위해의 발생을 방지하고 그 신변을 보호하는 업무이다.

③ 경비업의 허가권자는 지방경찰청장이다.

④ 법인의 명칭이나 대표자·임원을 변경할 때는 지방경찰청장에게 신고해
야 한다.

## 11. 경비수단의 종류에 대한 설명 중 틀린 것은 모두 몇 개인가?

> 가. 경고는 사실상 통지행위로 직접적 실력행사에 해당하는 임의처분
> 이다.
> 나. 경고는 경찰관직무집행법에, 제지와 체포는 형사소송법에 그 법적
> 근거를 두고 있다.
> 다. 제지는 세력분산·통제파괴·주동자 및 주모자 격리 등을 실시하는
> 행위이다.
> 라. 체포는 직접적 실력행사로서, 명백한 위법일 때 실력을 행사하는
> 행위이다.

① 0개      ② 1개      ③ 2개      ④ 3개

## 12. 수사실행 5원칙에 대한 설명 중 틀린 것은 모두 몇 개인가?

> 가. 수집된 수사자료는 면밀히 감식하고 분석·검토하여야 한다는 원
> 칙은 수사자료 감식·검토의 원칙이다.
> 나. 여러가지 추측 하에 과연 어느 추측이 정당한 것인가를 가리기 위
> 해서는 모든 각도에서 검토해야 한다는 원칙은 검증적 수사의 원
> 칙이다.
> 다. 수사관이 범죄현장에서 수집한 자료를 기초로 사건에 대해 가상의
> 예측과 판단을 하여야 한다는 원칙은 사실판단 증명의 원칙이다.
> 라. 수사에 의해 획득한 확신 있는 판단은 모두에게 그 판단이 진실이
> 라는 것을 객관적으로 증명해야 한다는 원칙은 적절한 추리의 원
> 칙이다.
> 마. 수사의 제1조건은 사건에 관련된 모든 수사자료를 수사관이 완전
> 히 수집하여야 한다는 수사자료 완전수집의 원칙이다.

① 2개      ② 3개      ③ 4개      ④ 5개

**13.** 도로교통법령 상 긴급자동차로 간주되는 자동차에 해당하지 않는 것은?

① 경찰용의 긴급자동차에 의하여 유도되고 있는 자동차

② 국군 및 주한국제연합군용의 긴급자동차에 의하여 유도되고 있는 국군 및 주한국제연합군의 자동차

③ 자동차의 색칠·사이렌 또는 경광등이 자동차안전기준에 규정된 긴급자동차에 관한 구조에 적합한 자동차

④ 생명이 위급한 환자나 부상자 또는 수혈을 위한 혈액을 운반 중인 자동차

**14.** 다음 괄호 안에 들어갈 운전면허시험 응시제한기간의 총 합은 얼마인가?(단, 해당 행위로 인해 반드시 행정처분이 있다고 볼 것)

> 가. 음주운전으로 3회 이상 교통사고 야기한 경우, 취소된 날로부터( 년)
> 나. 다른 사람의 자동차 등을 훔치거나 빼앗은 사람이 그 자동차 등을 무면허 운전한 경우, 위반한 날로부터( 년)
> 다. 과로운전 중 인적 피해사고 야기 후 구호조치 없이 도주한 경우, 취소된 날로부터 ( 년)
> 라. 음주운전금지규정을 3회 이상 위반하여 취소된 경우, 취소된 날로부터( 년)
> 마. 다른 사람이 부정하게 운전면허를 받도록 하기 위하여 운전면허시험에 대신 응시하여 취소된 경우, 취소된 날로부터( 년)

① 14년　　　② 15년　　　③ 16년　　　④ 17년

**15.** 다음 중 신뢰원칙 관련 판례에서 그 내용이 가장 옳지 않은 것은?

① 고속도로를 운행하는 자동차 운전자는 고속도로를 무단횡단하는 보행자가 있을 것을 예견하여 운전할 주의의무가 없다.

② 횡단보도에서 보행자 신호가 녹색에서 적색신호로 깜박거릴 때 운전자의 주의의무가 없다.

③ 전날 밤에 주차해 둔 차량을 그 다음날 아침에 출발하기에 앞서 차체 밑에 장애물이 있는지 여부를 확인하여야 할 주의의무가 있다.

④ 편도 5차선 도로의 1차로를 신호에 따라 진행하던 자동차 운전자에게 도로의 오른쪽에 연결된 소방도로에서 오토바이가 나와 맞은편 쪽으로 가기 위해 편도 5차선 도로를 대각선 방향으로 가로 질러 진행하는 경우까지 예상하여 진행할 주의의무는 없다.

## 16. 다음은 「집회 및 시위에 관한 법률」에 관한 설명이다. 옳은 것은 모두 몇 개인가?

> 가. 신고서를 접수한 관할 경찰관서장은 일정한 경우 신고서를 접수한 때부터 48시간 이내에 집회 또는 시위의 금지를 주최자에게 통고할 수 있다.
> 나. 금지통고를 받은 주최자는 금지통고를 받은 날로부터 15일 이내에 당해 경찰관서의 직근 상급경찰관서의 장에게 이의를 신청할 수 있다.
> 다. 각급 법원의 청사의 경계지점으로부터 100m 이내의 장소에서는 옥외집회 또는 시위를 하여서는 아니된다.
> 라. 헌법재판소의 결정에 따라 해산된 정당의 목적을 달성하기 위한 집회 또는 시위는 누구든지 주최하여서는 아니된다.

① 1개          ② 2개          ③ 3개          ④ 4개

## 17. 정보경찰의 활동에 관한 설명으로 가장 옳지 않은 것은?

① 신원조사는 국가정보원장이 직권 또는 관계기관의 요청에 의해 실시하고, 국가정보원장이 신원조사에 관한 권한의 일부를 경찰청장과 국방부장관에게 위임할 수 있다.

② 신원조사란 보안의 대상이 되는 인원, 즉 국가안전에 관련되는 임무에 종사하거나 이에 관련되는 행위를 하는 자 및 그 예정자에 대하여 실시하는 대인정보활동을 의미한다.

③ 정보판단서는 경찰공무원이 오관의 작용을 통해 근무 및 일상생활 중

지득한 제 견문을 신속·정확하게 수집·보고하는 보고서이다.
④ 정보기록은 일정한 장소에 집중적으로 보관함으로써 안전성을 확보하는 동시에 체계적인 관리를 할 수 있다.

## 18. 정보의 분류에 관한 설명으로 옳지 않은 것은 모두 몇 개인가?

> 가. 요소에 의한 분류 - 정치, 경제, 사회, 군사 등
> 나. 사용수준에 의한 분류 - 국내정보, 국외정보
> 다. 사용목적에 의한 분류 - 적극정보, 보안정보
> 라. 수집활동에 의한 분류 - 인간정보, 기술정보
> 마. 분석형태(기능)에 의한 분류 - 기본정보, 현용정보, 판단정보

① 0개　　② 1개　　③ 2개　　④ 3개

## 19. 방첩활동에 관한 다음 설명 중 옳지 않은 것은 모두 몇 개인가?

> 가. 동일 지배계급의 일부세력이 집권세력을 폭력으로써 타도하여 정권을 탈취하는 전복의 형태를 정부전복이라고 한다.
> 나. 계속 접촉의 원칙이란 혐의자가 발견되더라도 즉시 검거하지 말고, 조직망 전체가 완전히 파악될 때까지 계속해서 유·무형의 접촉을 해야 한다는 방첩의 기본원칙을 말한다.
> 다. 태업은 대상국가의 방위력 또는 전쟁수행능력을 직·간접적으로 손상하기 위하여 행하여지는 일체의 행위를 말한다.
> 라. 방첩수단을 적극적·소극적·기만적 수단으로 분류할 때 허위정보의 유포, 양동간계시위, 역용공작은 소극적 방첩수단에 해당된다.
> 마. 간첩은 국가기밀 수집·내부 혼란의 목적으로 잠입한 자 또는 이에 지원·동조·협조하는 모든 조직적 구성분자를 말하며 방첩의 대상이 된다.

① 0개　　② 1개　　③ 2개　　④ 3개

## 20. 간첩망의 형태에 대한 설명 중 가장 옳은 것은?

① 삼각형 - 간첩이 3명 이내의 공작원을 포섭하여 지휘하고, 포섭된 공작원 간 횡적연락을 차단한 형태로 일망타진 가능성이 적고, 활동범위가 넓으며, 공작원 검거시 간첩 정체가 쉽게 노출되지 않는다.

② 써클형 - 피라미드형 조직에 있어서 간첩과 주공작원 간, 행동공작원 상호 간에 연락원을 두고 종횡으로 연결하는 방식의 간첩망 형태이다.

③ 단일형 - 공작성과가 높고, 보안유지 및 신속한 활동이 가능한 반면, 활동범위가 좁다.

④ 피라미드형 - 간첩이 주공작원 2~3명을 두고 그 밑에 각각 2~3명의 행동공작원이 있는 형태로, 일시에 많은 공작을 입체적으로 수행할 수 있고, 활동범위가 넓은 반면, 행동의 노출이 쉽고 일망타진 될 가능성이 높으며 조직구성에 많은 시간이 소요된다.

## 21. 다음 중 보안관찰법 상 보안관찰에 해당되지 않는 범죄는 모두 몇 개인가?

가. 내란죄(형법 제87조)
나. 내란목적살인죄(형법 제88조)
다. 외환유치죄(형법 제92조)
라. 여적죄(형법 제93조)
마. 모병이적죄(형법 제94조)
바. 일반이적죄(형법 제99조)
사. 반란불보고죄(군형법 제9조 제2항)
아. 군형법상의 일반이적죄(군형법 제14조)
자. 목적수행죄(국가보안법 제4조)

① 1개          ② 2개          ③ 3개          ④ 4개

**22.** 다음 중 범죄인인도법 상 절대적 인도거절 사유가 아닌 것은?

① 범죄인의 인도범죄 외의 범죄에 관하여 대한민국 법원에 재판이 계속 중인 경우 또는 범죄인이 형을 선고받고 그 집행이 끝나지 아니하거나 면제되지 아니한 경우

② 범죄인이 인도범죄를 범하였다고 의심할 만한 상당한 이유가 없는 경우, 다만, 인도범죄에 관하여 청구국에서 유죄의 재판이 있는 경우는 제외한다.

③ 범죄인이 인종, 종교, 국적, 성별, 정치적 신념 또는 특정 사회단체에 속한 것 등을 이유로 처벌되거나 그 밖의 불리한 처분을 받을 염려가 있다고 인정되는 경우

④ 대한민국 또는 청구국의 법률에 따라 인도범죄에 관한 공소시효 또는 형의 시효가 완성된 경우

**23.** 인터폴에서 발행하는 국제수배서에 대한 설명 중 가장 옳지 않은 것은?

① 녹색수배서 - 수배자의 신원·전과 및 소재확인

② 적색수배서 - 범죄인 인도를 목적으로 발행

③ 황색수배서 - 가출인의 소재확인 및 기억상실자의 신원확인

④ 자주색수배서 - 새로운 특이 범죄수법을 분석하여 각 회원국에 배포

**24.** 다음 중 출입국관리법에 규정된 상륙의 종류와 내용에 대한 설명으로 잘못된 것은 모두 몇 개인가?

> 가. 승무원상륙은 외국인승무원이 입항할 예정이거나 정박 중인 선박 등으로 옮겨 타거나 휴양 등의 목적으로 상륙하는 것으로 10일 범위 내에서 허가할 수 있다.
>
> 나. 긴급상륙은 조난을 당한 선박 등에 타고 있는 외국인을 긴급히 구조할 필요가 있다고 인정될 때에 상륙하는 것으로 30일 범위 내에서 허가할 수 있다.

다. 난민임시상륙은 선박 등에 타고 있던 외국인이 생명·신체 또는 신체의 자유를 침해받을 공포가 있는 영역에서 도피하여 곧바로 대한민국에 비호를 신청하는 경우 90일의 범위 내에서 허가할 수 있다.

라. 난민임시상륙은 외국인을 상륙시킬만한 상당한 이유가 있다고 인정되면 외교부 장관의 승인을 받아 허가할 수 있으며, 이 경우 외교부 장관은 법무부 장관과 협의해야 한다.

① 1개      ② 2개      ③ 3개      ④ 4개

**[정답]**
경찰학 객관식기출문제

1 ④, 2 ④, 3 ①, 4 ①, 5 ③, 6 ②, 7 ①, 8 ④, 9 ③, 10 ②, 11 ③,
12 ①, 13 ③, 14 ②, 15 ②, 16 ③, 17 ③, 18 ②, 19 ②, 20 ④,
21 ②, 22 ①, 23 ①, 24 ③

172

과년도 기출문제

## 2013년 제2차 경찰공무원(순경) 채용시험 문제

**1.** 다음 중 「경범죄처벌법」상 법정형이 가장 무거운 것은?

① 술에 취한 채로 관공서에서 몹시 거친 말과 행동으로 주정하거나 시끄럽게 한 사람

② 흥행장, 경기장, 역, 나루터, 정류장, 그 밖에 정하여진 요금을 받고 입장시키거나 승차 또는 승선시키는 곳에서 웃돈을 받고 입장권·승차권 또는 승선권을 다른 사람에게 되판 사람

③ 범죄 피의자로 입건된 사람의 신원을 지문조사 외의 다른 방법으로는 확인할 수 없어 경찰공무원이나 검사가 지문을 채취하려고 할 때에 정당한 이유 없이 이를 거부한 사람

④ 공회당·극장·음식점 등 여러 사람이 모이거나 다니는 곳 또는 여러 사람이 타는 기차·자동차·배 등에서 몹시 거친 말이나 행동으로 주위를 시끄럽게 하거나 술에 취하여 이유 없이 다른 사람에게 주정한 사람

**2.** 「경찰비상업무규칙」에 대한 설명 중 옳은 것은 모두 몇 개인가?

㉠ "비상상황"이라 함은 대간첩·테러, 대규모 재난 등의 긴급 상황이 발생하거나 발생할 우려가 있는 경우 또는 다수의 경력을 동원해야 할 치안수요가 발생하여 치안활동을 강화할 필요가 있는 때를 말한다.

㉡ "지휘선상 위치 근무"라 함은 비상연락체계를 유지하며 유사시 2시간 이내에 현장지휘 및 현장근무가 가능한 장소에 위치하는 것을 말한다.

㉢ "정위치 근무"라 함은 감독순시·현장근무 및 사무실 대기 등 관할구역 내에 위치하는 것을 말한다.

㉣ 갑호 비상이 발령된 때에는 지휘관(지구대장, 파출소장은 지휘관에 준한다)과 참모는 정착 근무를 원칙으로 한다.

㉤ 을호 비상이 발령된 때에는 연가를 중지하고 가용경력 75%까지 동원할 수 있다.

> ⓑ 경찰지휘본부는 당해 지휘본부장이 필요하다고 인정할 때에 설치
> 하며 경찰청 및 지방경찰청은 치안상황실에 설치함을 원칙으로
> 한다.

① 3개　　　② 4개　　　③ 5개　　　④ 6개

## 3. 「청원경찰법」에 대한 설명 중 가장 적절하지 않은 것은?

① 청원경찰은 청원주가 임용하되, 임용을 할 때에는 미리 경찰서장의 승인을 받아야 한다.
② 청원경찰에 대한 징계의 종류는 파면, 해임, 정직, 감봉 및 견책으로 구분한다.
③ 청원경찰은 청원주와 배치된 기관·시설 또는 사업장 등의 구역을 관할하는 경찰서장의 감독을 받아 그 경비구역만의 경비를 목적으로 필요한 범위에서 「경찰관직무집행법」에 따른 경찰관의 직무를 수행한다.
④ 지방경찰청장은 청원경찰의 효율적인 운영을 위하여 청원주를 지도하며 감독상 필요한 명령을 할 수 있다.

## 4. 「도로교통법」 제2조에서 규정하고 있는 용어의 정의로 가장 적절하지 않은 것은?

① "교차로"란 '十'자로, 'T'자로나 그 밖에 둘 이상의 도로(보도와 차도가 구분되어 있는 도로에서는 차도를 말한다)가 교차하는 부분을 말한다.
② "신호기"란 도로교통에서 문자·기호 또는 등화를 사용하여 진행·정지·방향전환·주의 등의 신호를 표시하기 위하여 사람이나 전기의 힘으로 조작하는 장치를 말한다.
③ "주차"란 운전자가 승객을 기다리거나 화물을 싣거나 차가 고장 나거나 그 밖의 사유로 차를 계속 정지 상태에 두는 것 또는 운전자가 차에서 떠나서 즉시 그 차를 운전할 수 없는 상태에 두는 것을 말한다.
④ "보도"란 보행자만 다닐 수 있도록 안전표지나 그와 비슷한 인공구조물로 표시한 도로를 말한다.

## 5. 「도로교통법」상 자전거와 관련된 설명 중 가장 적절하지 않은 것은?

① 자전거의 운전자는 자전거에 어린이를 태우고 운전할 때에는 그 어린이에게 안전행정부령으로 정하는 인명보호 장구를 착용하도록 하여야 한다.

② 자전거의 운전자는 안전표지로 통행이 허용된 경우를 제외하고는 2대 이상이 나란히 차도를 통행하여서는 아니 된다.

③ 자전거의 운전자는 술에 취한 상태 또는 약물의 영향과 그 밖의 사유로 정상적으로 운전하지 못할 우려가 있는 상태에서 자전거를 운전하여서는 아니 된다.

④ 자전거의 운전자가 횡단보도를 이용하여 도로를 횡단할 때에는 보행자의 통행에 방해가 되지 않도록 서행하여야 한다.

## 6. 「집회 및 시위에 관한 법률」에 대한 설명 중 가장 적절하지 않은 것은?

① "질서유지인"이란 주최자가 자신을 보좌하여 집회 또는 시위의 질서를 유지하게 할 목적으로 임명한 자를 말한다.

② 집회 또는 시위의 주최자는 평화적인 집회 또는 시위가 방해받을 염려가 있다고 인정되면 관할 경찰관서에 그 사실을 알려 보호를 요청할 수 있다. 이 경우 관할 경찰관서의 장은 정당한 사유 없이 보호 요청을 거절하여서는 안 된다.

③ 관할 경찰서장 또는 지방경찰청장은 「집회 및 시위에 관한 법률」 제6조 제1항에 따른 신고서를 접수하면 신고자에게 접수 일시를 적은 접수증을 24시간 이내에 내주어야 한다.

④ 경찰관은 집회 또는 시위의 주최자에게 알리고 그 집회 또는 시위의 장소에 정복을 입고 출입할 수 있다. 다만, 옥내집회 장소에 출입하는 것은 직무 집행을 위하여 긴급한 경우에만 할 수 있다.

## 7. 「국가보안법」에 대한 설명 중 옳은 것은 모두 몇 개인가?

⊙ 검사는 국가보안법의 죄를 범한 자에 대하여 소추를 하지 아니할

때에는 압수물의 폐기 또는 국고귀속을 명할 수 있다.
- ⓛ 국가보안법의 죄에 관하여 유기징역형을 선고할 때에는 그 형의 장기 이하의 자격정지를 병과할 수 있다.
- ⓒ 국가보안법에서 "반국가단체"라 함은 정부를 참칭하거나 국가를 변란할 것을 목적으로 하는 국내외의 결사 또는 집단으로서 지휘 통솔체제를 갖춘 단체를 말한다.
- ⓔ 국가보안법의 죄를 범한 자가 동법의 죄를 범한 타인을 고발하거나 타인이 동법의 죄를 범하는 것을 방해한 때에는 그 형을 감경 또는 면제할 수 있다.

① 1개        ② 2개        ③ 3개        ④ 4개

## 8. 「보안업무규정」상 신원조사에 대한 설명 중 가장 적절하지 않은 것은?

① 국가보안을 위하여 국가에 대한 충성심·성실성 및 신뢰성을 조사하기 위하여 신원조사를 행한다.
② 각 조사기관의 장은 신원조사의 결과 국가안전보장상 유해로운 정보가 있음이 확인된 자에 대하여는 관계기관의 장에게 그 사실을 통보하여야 한다.
③ 공공단체의 직원과 임원의 임명에 있어서 정부의 승인이나 동의를 요하는 법인의 임원 및 직원은 신원조사의 대상이 된다.
④ 해외여행을 하고자 하는 자(입국하는 교포를 제외한다)는 신원조사의 대상이 된다.

## 9. 「경찰장비관리규칙」에 대한 설명 중 옳은 것은 모두 몇 개인가?

- ⓒ "간이무기고"란 경찰기관의 각 기능별 운용부서에서 효율적 사용을 위하여 집중무기고로부터 무기·탄약의 일부를 대여 받아 별도로 보관·관리하는 시설을 말한다.
- ⓛ 무기고와 탄약고의 환기통 등에는 손이 들어가지 않도록 쇠창살 시설을 하고, 출입문은 2중으로 하여 각 1개소 이상씩 자물쇠를 설치하여야 한다.

ⓒ 경찰기관의 장은 무기를 휴대한 자 중에서 직무상의 비위 등으로 인하여 징계대상이 된 자가 발생한 때에는 즉시 대여한 무기·탄약을 회수하여야 한다.

ⓔ 경찰기관의 장은 무기를 휴대한 자 중에서 평소에 불평이 심하고 염세 비관하는 자가 있을 때에는 대여한 무기·탄약을 회수 또는 보관할 수 있다.

ⓜ 경찰기관의 장은 무기를 휴대한 자 중에서 술자리 또는 연회장소에 출입할 경우에는 대여한 무기·탄약을 무기고에 보관하도록 하여야 한다.

① 2개        ② 3개        ③ 4개        ④ 5개

## 10. 「인권보호를 위한 경찰관 직무규칙」에 대한 설명 중 가장 적절하지 않은 것은?

① "인권침해"란 경찰관(전·의경과 무기계약직을 제외한다)이 직무수행(수사를 포함한다)과 관련하여 모든 사람에게 보장된 인권을 침해하는 것을 말한다.

② "사회적 약자"라 함은 장애인, 19세 미만의 자, 여성, 노약자, 외국인, 기타 신체적·경제적·정신적·문화적인 차별 등으로 어려움을 겪고 있어 사회적 보호가 필요한 자를 말한다.

③ 인권을 존중하는 경찰활동을 정립하기 위해 경찰청장 소속으로 경찰청 인권위원회를 설치 및 운영 한다.

④ 성적 소수자가 자신의 성 정체성에 대하여 공개하기를 원하지 않을 경우에는 이를 최대한 존중하여야 하며, 불가피하게 가족 등에 알려야 할 경우에도 그 사유를 충분히 설명하여야 한다.

**정답**
1 ①, 2 ②, 3 ①, 4 ④, 5 ④, 6 ③, 7 ③, 8 ④, 9 ④, 10 ①

## 2013년 제1차 경찰공무원(순경) 채용시험 문제

**1.** 다음은 인터폴에서 발행하는 국제수배서에 대한 설명이다. 가장 적절하게 연결된 것은?

> ㉠ 상습국제범죄자의 동향 파악을 목적으로 발행
> ㉡ 사망자의 신원확인을 목적으로 발행

① ㉠ – Green Notice(녹색수배서) ㉡ – Yellow Notice(황색수배서)

② ㉠ – Blue Notice (청색수배서) ㉡ – Yellow Notice(황색수배서)

③ ㉠ – Blue Notice (청색수배서) ㉡ – Black Notice(흑색수배서)

④ ㉠ – Green Notice(녹색수배서) ㉡ – Black Notice(흑색수배서)

**2.** 「공공기관의 정보공개에 관한 법률」에 대한 다음 설명 중 옳은 것은 모두 몇 개인가?

> ㉠ 모든 국민은 정보의 공개를 청구할 권리를 가지며, 외국인의 정보 공개청구에 관하여는 대통령령으로 정한다.
> ㉡ 공공기관은 정보공개의 청구가 있는 때에는 청구를 받은 날부터 10일 이내에 공개여부를 결정하여야 하고, 10일 이내의 범위에서 공개여부 결정기간을 연장할 수 있으며, 정보공개를 청구한 날부터 30일 이내에 공공기관이 공개여부를 결정하지 아니한 때에는 공개의 결정이 있는 것으로 본다.
> ㉢ 정보의 공개 및 우송 등에 소요되는 비용은 공공기관의 비용으로 부담한다.
> ㉣ 정보공개위원회는 위원장 1인과 부위원장 2인을 포함한 11인의 위원으로 구성한다.
> ㉤ 정보공개위원회 위원의 임기는 2년으로 하되, 연임할 수 없다. 다만, 공무원인 위원의 임기는 그 직위에 재직하는 기간으로 한다.

① 1개      ② 2개      ③ 3개      ④ 없음

**3.** 전통적 경찰활동에서 주로 경찰력에 의존해 왔던 범죄예방과 범죄진압이 한계에 이르고 범죄는 더욱 다양화, 지능화, 흉폭화되었다. 이에 따라 환경설계를 통한 범죄예방(CPTED)은 보다 근본적이고 효과적인 범죄예방을 위한 방안으로 물리적 환경의 설계 또는 재설계를 통해 범죄기회를 차단하고자 하는 범죄예방기법이다. 다음 중 환경설계를 통한 범죄예방기법의 기본원리 중 가장 적절하지 않은 것은?

① 영역성의 약화 – 사적 공간에 대한 경계를 제거하여 주민들의 책임의식과 소유의식을 감소시킴으로써 사적공간에 대한 관리권을 약화

② 자연적 감시 – 건축물이나 시설물의 설계시 가시권을 최대확보, 외부침입에 대한 감시기능을 확대

③ 자연적 접근 통제 – 일정한 지역에 접근하는 사람들을 정해진 공간으로 유도하거나 외부인의 출입을 통제하도록 설계함으로써 접근에 대한 심리적 부담을 증대시켜 범죄를 예방

④ 활동의 활성화 – 지역사회의 설계시 주민들이 모여서 상호의견을 교환하고 유대감을 증대할 수 있는 공공장소를 설치하고 이용하도록 함으로써 '거리의 눈'을 활용한 자연적 감시와 접근통제의 기능을 확대하는 원리

**4.** 「가정폭력범죄의 처벌 등에 관한 특례법」 제5조(가정폭력범죄에 대한 응급조치) 상 진행 중인 가정폭력범죄에 대하여 신고를 받은 사법경찰관리가 즉시 현장에 나가서 취해야 하는 응급조치로 거리가 먼 것을 모두 고른 것은?

> ㉠ 피해자 또는 가정구성원의 주거 또는 점유하는 방실(房室)로부터의 퇴거 등 격리
> ㉡ 피해자 또는 가정구성원의 주거, 직장 등에서 100미터 이내의 접근 금지
> ㉢ 피해자 또는 가정구성원에 대한 전기통신을 이용한 접근 금지
> ㉣ 폭력행위의 제지, 가정폭력행위자·피해자의 분리 및 범죄수사

   ⑩ 피해자를 가정폭력 관련 상담소 또는 보호시설로 인도(피해자가
    동의한 경우만 해당)
   ⓗ 긴급치료가 필요한 피해자를 의료기관으로 인도

① ㉠ㄴㄷ   ② ㉠ㄴㅁ   ③ ㄴㄷㄹ   ④ ㄷㄹㅂ

## 5. 「도로교통법」상 어린이통학버스 등에 대한 다음 설명 중 틀린 것은 모두 몇 개인가?

  ㉠ 모든 차의 운전자는 어린이나 유아를 태우고 있다는 표시를 한 상
   태로 도로를 통행하는 어린이통학버스를 앞지르지 못한다.
  ㉡ 어린이의 통학 등에 이용되는 자동차를 운영하는 자가 「도로교통
   법」 제51조(어린이통학버스의 특별보호)에 따른 보호를 받으려는
   경우에는 미리 관할 경찰서장에게 신고하고 신고증명서를 발급받
   아야 한다.
  ㉢ 어린이통학버스를 운전하는 사람은 어린이나 유아가 어린이통학버
   스를 탈 때에는 어린이나 유아가 좌석에 앉았는지 확인한 후에 출
   발하여야 하며, 내릴 때에는 보도나 길가장자리구역 등 자동차로
   부터 안전한 장소에 도착한 것을 확인한 후에 출발하여야 한다.
  ㉣ 어린이통학버스 및 어린이통학용자동차(이하 '어린이통학버스 등'
   이라 한다)를 운영하는 사람과 운전하는 사람은 어린이통학버스
   등에 관한 안전교육을 받아야 한다.

① 1개   ② 2개   ③ 3개   ④ 없음

## 6. 「형사소송법」상 경찰수사에 대한 다음 설명 중 가장 적절하지 않은 것은?

① 수사관, 경무관, 총경, 경정, 경감, 경위는 사법경찰관으로서 모든 수사
 에 관하여 검사의 지휘를 받는다.

② 사법경찰관은 범죄의 혐의가 있다고 인식하는 때에는 검사의 지휘를
 받아 범인, 범죄사실과 증거에 관하여 수사를 개시·진행하여야 한다.

③ 사법경찰관리는 검사의 지휘가 있는 때에는 이에 따라야 한다. 검사의

지휘에 관한 구체적 사항은 대통령령으로 정한다.

④ 사법경찰관은 범죄를 수사한 때에는 관계 서류와 증거물을 지체 없이 검사에게 송부하여야 한다.

**7.** 다음 중 「경찰장비의사용기준등에관한규정」상 경찰장구는 모두 몇 개인가?

> ㉠ 수갑  ㉡ 가스분사기  ㉢ 기관총  ㉣ 경찰봉
> ㉤ 유탄발사기  ㉥ 전자충격기  ㉦ 석궁  ㉧ 다목적발사기

① 2개  ② 3개  ③ 4개  ④ 5개

**8.** 「통합방위법」상 다음의 내용이 설명하는 것과 옳게 연결된 것은?

> ㉠ 적의 침투·도발 위협이 예상되거나 소규모의 적이 침투하였을 때에 지방경찰청장, 지역군사령관 또는 함대사령관의 지휘·통제 하에 통합방위작전을 수행하여 단기간 내에 치안이 회복될 수 있는 사태를 말한다.
> ㉡ 일정한 조직체계를 갖춘 적의 대규모 병력 침투 또는 대량살상무기(大量殺傷武器) 공격 등의 도발로 발생한 비상사태로서 통합방위본부장 또는 지역군사령관의 지휘·통제 하에 통합방위작전을 수행하여야 할 사태를 말한다.

① ㉠-갑종사태, ㉡-을종사태  ② ㉠-병종사태, ㉡-갑종사태
③ ㉠-을종사태, ㉡-갑종사태  ④ ㉠-갑종사태, ㉡-병종사태

**9.** 다음 중 「도로교통법」상 운전면허 행정처분결과에 따른 운전면허 발급제한기간이 3년인 경우는 모두 몇 개인가?

> ㉠ 무면허운전, 음주운전, 약물·과로운전, 공동위험행위 외의 사유로 사람을 사상한 후 구호조치 및 신고없이 도주한 경우 (취소된 날부터)

> ① 3회 이상 음주운전(음주측정거부 포함)으로 운전면허가 취소된 경우 (취소된 날부터)
> ⓒ 제1종 운전면허를 받은 사람이 적성검사에 불합격되어 다시 제2종 운전면허를 받으려는 경우
> ② 2회 이상의 공동위험행위로 운전면허가 취소된 경우(취소된 날부터)

① 1개      ② 2개      ③ 3개      ④ 없음

## 10. 「집회 및 시위에 관한 법률」상 다음 설명 중 옳은 것은 모두 몇 개인가?

> ⊙ '옥외집회'란 천장이 있고, 사방이 폐쇄된 장소에서 여는 집회를 말한다.
> ⓒ '주최자'란 자기 이름으로 자기 책임 아래 집회나 시위를 여는 사람이나 단체를 말한다. 주최자는 주관자를 따로 두어 집회 또는 시위의 실행을 맡아 관리하도록 위임할 수 있다. 이 경우 주관자는 그 위임의 범위 안에서 주최자로 본다.
> ⓒ 관할경찰관서장은 신고서의 기재사항에 미비한 점을 발견하면 접수증을 교부한 때부터 12시간 이내에 주최자에게 24시간을 기한으로 그 기재사항을 보완할 것을 통고할 수 있다.
> ② 집회 또는 시위의 주최자 및 질서유지인은 특정한 사람이나 단체가 집회나 시위에 참가하는 것을 막을 수 있다. 다만, 언론사의 기자는 출입이 보장되어야 하며, 이 경우 기자는 신분증을 제시하고 기자임을 표시한 완장을 착용하여야 한다.

① 1개      ② 2개      ③ 3개      ④ 4개

## 11. 「보안관찰법」상 다음 설명 중 틀린 것은 모두 몇 개인가?

> ⊙ '보안관찰처분대상자'라 함은 보안관찰해당범죄 또는 이와 경합된 범죄로 금고 이상의 형의 선고를 받고 그 형기합계가 3년 이상인 자로서 형의 전부 또는 일부의 집행을 받은 사실이 있는 자를 말

한다.

ⓛ 보안관찰처분의 기간은 2년으로 한다. 법무부장관은 검사의 청구가 있는 때에는 보안관찰처분심의위원회의 의결을 거쳐 그 기간을 갱신할 수 있다.

ⓒ 보안관찰처분대상자는 대통령령이 정하는 바에 따라 그 형의 집행을 받고 있는 교도소 등에서 출소 전에 거주예정지 기타 대통령령으로 정하는 사항을 교도소 등의 장을 경유하여 거주예정지 관할 경찰서장에게 신고하고, 출소 후 7일 이내에 그 거주예정지 관할 경찰서장에게 출소사실을 신고하여야 한다.

ⓔ 검사가 처분청구서를 제출할 때에는 청구의 원인이 되는 사실을 증명할 수 있는 자료와 의견서를 첨부하여야 한다.

ⓜ 검사는 보안관찰처분청구를 한 때에는 지체 없이 처분청구서등본을 피청구자에게 송달하여야 한다. 이 경우 송달에 관하여는 민사소송법 중 송달에 관한 규정을 준용한다.

① 1개      ② 2개      ③ 3개      ④ 없음

## 12. 다음의 설명은 범죄인인도원칙 중 어떤 원칙에 대한 내용인가?

인도조약이 체결되어 있지 아니한 경우에도 범죄인의 인도를 청구하는 국가가 같은 종류 또는 유사한 인도범죄에 대한 대한민국의 범죄인 인도 청구에 응한다는 보증을 하는 경우에는 범죄인인도법을 적용한다.

① 쌍방가벌성의 원칙      ② 상호주의의 원칙
③ 특정성의 원칙      ④ 유용성의 원칙

## 2012년 제3차 경찰공무원(순경) 채용시험 문제

**1.** 「보안업무규정」상 다음 설명 중 가장 옳은 것은?

① 누설되는 경우 국가안전보장에 '막대한 지장'을 초래할 우려가 있는 비밀은 Ⅲ급 비밀로 한다.

② 외국정부 또는 국제기구로부터 접수한 비밀은 그 발행기관이 필요로 하는 정도로 보호할 수 있도록 분류하여야 한다.

③ 경찰청장은 Ⅰ급 비밀취급인가권자이다.

④ 공무원임용예정자는 신원조사의 대상이 아니다.

**2.** 다음은 여성청소년계에 근무하는 甲경감이 직원들과 「실종아동등의보호및지원에관한법률」과 「실종아동등·가출인 업무처리규칙」상 용어에 관해 논의하는 내용이다. 가장 적절하지 않은 주장을 하고 있는 사람은?

> 甲경감 : 규칙상 '가출인'은 신고 당시 보호자로부터 이탈된 만 14세 이상의 사람을 말하며, 이 중 청소년보호법 제2조 제1호에 따른 청소년을 '가출청소년'이라 하고, 그 외는 '가출성인'이라 합니다.
>
> 乙경위 : 규칙상 '장기실종아동등'이란, 보호자로부터 신고를 접수한 지 48시간이 경과한 후에도 발견되지 않은 찾는실종아동등을 뜻합니다.
>
> 丙경사 : 실종 신고 당시 14세 미만의 아동은 실종아동등의 보호및지원에관한법률상 '아동등'에 해당합니다.
>
> 丁경장 : 법(法)상 '보호시설'은 사회복지사업법 제2조 제4호에 따른 사회복지시설 및 인가·신고 등이 없이 아동등을 보호하는 시설로서 사회복지시설에 준하는 시설을 말합니다.

① 甲경감　　　② 乙경위　　　③ 丙경사　　　④ 丁경장

**3.** 경비경찰의 특징에 대한 다음 설명 중 가장 적절하지 않은 것은?

① 경비사태가 발생한 후의 진압뿐만 아니라 특정한 사태가 발생하기 전의 경계·예방의 역할을 수행한다는 점에서 복합기능적 활동이라 할 수 있다.

② 경비경찰은 경비사태 발생시 조직적이고 집단적인 대응이 요구되므로 조직적 부대활동에 중점을 둔다.

③ 경비경찰의 현상유지적 활동이란 기본적으로 적극적·동태적 개념의 활동이 아니라 현재의 질서상태를 보존하는 소극적·정태적 활동만을 의미하는 것이다.

④ 경비경찰의 활동은 하향적인 명령에 의하여 이루어지며, 그 결과에 대하여 일반적으로 지휘관의 지휘책임을 강조한다.

**4.** 「재난및안전관리기본법」상 다음의 설명은 무엇에 관한 내용인가?

> 대통령령으로 정하는 재난의 발생으로 인하여 국가의 안녕 및 사회질서의 유지에 중대한 영향을 미치거나 당해 재난으로 인한 피해의 효과적인 수습 및 복구를 위해 특별한 조치가 필요하다고 인정되는 경우에 선포하여 특별지원을 할 수 있다.

① 긴급재난지역　　　　② 재난통제지역
③ 특정재난지역　　　　④ 특별재난지역

**5.** 「도로교통법」상 운전면허 결격사유에 관한 다음 설명 중 가장 적절하지 않은 것은?

① 18세 이하(원동기장치자전거의 경우에는 16세 이하)인 사람은 운전면허를 받을 수 없다.

② 교통상의 위험과 장해를 일으킬 수 있는 정신질환자 또는 간질환자로서 대통령령으로 정하는 사람은 운전면허를 받을 수 없다.

③ 듣지 못하는 사람(제1종 운전면허 중 대형면허·특수면허만 해당한다), 앞을 보지 못하는 사람이나 그 밖에 대통령령으로 정하는 신체장애인은 운전면허를 받을 수 없다.

④ 제1종 대형면허 또는 제1종 특수면허를 받으려는 경우로서 19세 미만
이거나 자동차(이륜자동차는 제외한다)의 운전경험이 1년 미만인 사람
은 운전면허를 받을 수 없다.

**6.** 다음은 교통업무와 관련하여 지역경찰 직원들의 질문에 대해 교통
사고 조사계 직원들이 답변한 내용이다. 이 중 관련 판례와 다른
입장을 취하고 있는 설명은?

① 술에 취해 자동차 안에서 잠을 자다가 추위를 느껴 히터를 가동시키기
위하여 시동을 걸었고, 실수로 자동차의 제동장치 등을 건드렸거나 처
음 주차할 때 안전조치를 제대로 취하지 아니한 탓으로 원동기의 추진
력에 의하여 자동차가 약간 경사진 길을 따라 앞으로 움직여 피해자의
차량 옆면을 충격한 사실이 있다고 하더라도 이를 두고 자동차를 운전
하였다고 할 수는 없습니다.

② 호흡측정기에 의한 음주측정 요구를 하기 전에 사용되는 음주감지기
시험에서 음주반응이 나왔다고 할지라도 그것만으로 바로 혈중알콜농
도 0.05% 이상의 술에 취한 상태에 있다고 인정할만한 상당한 이유가
있다고 볼 수 없습니다.

③ 물로 입 안을 헹굴 기회를 달라는 피고인의 요구를 무시한 채 호흡측정
기로 측정한 혈중알콜농도 수치가 0.05%로 나타났더라도 0.05% 이상
의 술에 취한 상태에서 운전하였다고 단정할 수는 없습니다.

④ 약물 등의 영향으로 정상적으로 운전하지 못할 우려가 있는 상태에서
자동차 등을 운전하였다고 인정하려면 약물 등의 영향으로 인해 현실
적으로 정상적인 운전을 하지 못할 상태에 이르러야만 합니다.

**7.** 「집회및시위에관한법률」상 다음 설명 중 옳은 것은 모두 몇 개인가?

> ㉠ '시위'란 여러 사람이 공동의 목적을 가지고 도로, 광장, 공원 등
> 일반인이 자유로이 통행할 수 있는 장소를 행진하거나 위력 또는
> 기세를 보여, 불특정한 여러 사람의 의견에 영향을 주거나 제압을
> 가하는 행위를 말한다.
> ㉡ 옥외집회나 시위를 주최하려는 자는 그에 관한 신고서를 옥외집회
> 나 시위를 시작하기 720시간 전부터 48시간 전에 관할 경찰서장에

게 제출하여야 한다. 다만, 옥외집회 또는 시위 장소가 두 곳 이상
의 경찰서의 관할에 속하는 경우에는 주최지를 관할하는 경찰서
장에게 제출하여야 하고, 두 곳 이상의 지방경찰청 관할에 속하는
경우에는 주최지를 관할하는 지방경찰청장에게 제출하여야 한다.

ⓒ 집회 또는 시위의 주최자는 금지통고를 받은 날로부터 10일 이내
에 금지통고를 한 경찰관서장에게 이의신청을 해야 한다.

ⓔ 금지통고에 따른 이의신청을 받은 경찰관서의 장은 접수일시를 적
은 접수증을 이의신청인에게 즉시 내주고 접수한 때부터 12시간
이내에 재결을 하여야 한다. 이 경우 접수한 때부터 24시간 이내에
재결서를 발송하지 아니하면 관할 경찰관서장의 금지통고는 소급
하여 그 효력을 잃는다.

① 1개       ② 2개       ③ 3개       ④ 4개

8. 다음은 「노동조합및노동관계조정법」 제54조의 내용이다.
( )안에 들어갈 숫자가 옳게 짝지어진 것은?

조정은 조정의 신청이 있는 날부터 일반사업에 있어서는 10일, 공익사
업에 있어서는 15일이내에 종료하여야 하며 이 기간은 관계 당사자간
의 합의로 일반사업에 있어서는 ( )일, 공익사업에 있어서는 ( )일
이내에서 연장할 수 있다.

① 10, 15       ② 15, 10       ③ 10, 10       ④ 15, 15

9. 「국가보안법」상 다음 설명 중 옳은 것은 모두 몇 개인가?

㉠ 국가보안법은 국가의 안전을 위태롭게 하는 반국가활동을 규제함으로
써 국가의 안전과 국민의 생존 및 자유를 확보함을 목적으로 한다.

ⓒ 검사 또는 사법경찰관으로부터 이 법에 정한 죄의 참고인으로 출
석을 요구받은 자가 정당한 이유 없이 2회 이상 출석요구에 불응
한 때에는 관할법원판사의 구속영장을 발부받아 구인할 수 있다.

ⓒ 국가보안법의 죄에 관하여 유기징역형을 선고할 때에는 그 형의
장기 이하의 자격정지를 병과할 수 있다.

> ㉣ 검사는 이 법의 죄를 범한 자에 대하여 형법 제51조(양형의 조건)의 사항을 참작하여 공소제기를 보류할 수 있으며, 이에 따라 공소보류를 받은 자가 공소의 제기없이 2년을 경과한 때에는 소추할 수 없다.

① 1개            ② 2개            ③ 3개            ④ 4개

## 10. 「보안관찰법」상 보안관찰과 관련한 다음 설명 중 가장 옳은 것은?

① 검사는 보안관찰처분청구를 한 때에는 지체없이 처분청구서사본을 피청구자에게 송달하여야 한다.

② 검사는 피보안관찰자가 도주하거나 15일 이상 그 소재가 불명한 때에는 보안관찰처분의 집행중지결정을 하여야 한다.

③ 보안관찰처분심의위원회의 위원장은 법무부장관이다.

④ 보안관찰처분심의위원회는 보안관찰처분 또는 그 기각의 결정, 면제 또는 그 취소결정, 보안관찰처분의 취소 또는 기간의 갱신결정을 심의·의결한다.

## 11. 인터폴에서 발행하는 국제수배서에 관한 다음 설명 중 가장 적절하지 않은 것은?

① 적색수배서(Red Notice)는 새로운 범죄수법이 발견되었을 경우에 한하여 이를 경고하기 위하여 발행한다.

② 황색수배서(Yellow Notice)는 가출인의 소재확인 또는 기억상실자 등의 신원파악을 위하여 발행한다.

③ 흑색수배서(Black Notice)는 사망자의 신원을 확인할 수 없거나 사망자가 가명을 사용하였을 경우 정확한 신원확인을 위해 발행한다.

④ 오렌지수배서(Orange Notice)는 폭발물, 테러범 등에 대한 보안을 경고하기 위하여 발행한다.

---

정답                                              경찰학 객관식기출문제

1 ②, 2 ③, 3 ③, 4 ④, 5 ①, 6 ④, 7 ①, 8 ①, 9 ④, 10 ④, 11 ①

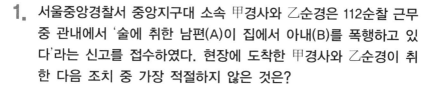

**1.** 서울중앙경찰서 중앙지구대 소속 甲경사와 乙순경은 112순찰 근무 중 관내에서 '술에 취한 남편(A)이 집에서 아내(B)를 폭행하고 있다'라는 신고를 접수하였다. 현장에 도착한 甲경사와 乙순경이 취한 다음 조치 중 가장 적절하지 않은 것은?

① 아내(B)를 보호하기 위하여 권한을 표시하는 증표를 제시하고 집안으로 들어갔다.

② 남편(A)의 폭력행위를 제지하고 아내(B)와 분리하여 수사를 개시하였다.

③ 아내(B)의 요청에 따라 관내에 있는 보호시설로 인도하였다.

④ 조사한 결과 가정폭력이 재발될 우려가 인정되어 남편(A)에 대하여 직접 법원에 접근금지조치를 청구하였다.

**2.** 「실종아동등 및 가출인 업무처리 규칙」에 관한 다음 설명 중 적절하지 않은 것은 모두 몇 개인가?

> ㉠ '장기실종아동등'이란 보호자로부터 신고를 접수한 지 48시간이 경과한 후에도 발견되지 않은 찾는실종아동등을 말한다.
>
> ㉡ 발견한 장소와 보호 중인 장소가 서로 다른 경우에는 보호 중인 장소를 '발견지'로 한다.
>
> ㉢ 신고자 등이 최종 목격 장소를 진술하지 못하거나, 목격되었을 것으로 추정되는 장소가 대중교통시설 등일 경우 또는 실종·가출 발생 후 1개월이 경과한 때에는 실종아동등 및 가출인의 실종 전 최종 주거지를 '발생지'로 한다.
>
> ㉣ 경찰관서의 장은 실종아동등 프로파일링시스템에 수배한 날부터 1개월까지는 15일에 1회, 1개월이 경과한 후부터는 분기별 1회 보호자에게 추적 진행사항을 통보한다.
>
> ㉤ 경찰서장은 가출인을 발견한 때에는 수배를 해제하고, 해당 가출인을 발견한 경찰서와 관할하는 경찰서가 다른 경우에는 발견 사실을 관할 경찰서장에게 지체없이 알려야 한다.

① 1개      ② 2개      ③ 3개      ④ 없음

## 3. 다음 설명 중 가장 적절하지 않은 것은? (다툼이 있는 경우 판례에 의함)

① 경찰관이 범인을 제압하는 과정에서 총기를 사용하여 범인을 사망에 이르게 한 사안에서, 경찰관이 총기사용에 이르게 된 동기나 목적, 경위 등을 고려하여 형사사건에서 무죄판결이 확정되었다면 당해 경찰관의 과실의 내용과 그로 인하여 발생한 결과의 중대함은 상호 인과관계를 인정할 수 없으므로 민사상 불법행위책임을 인정할 수 없다.

② 수사관이 동행에 앞서 피의자에게 동행을 거부할 수 있음을 알려 주었거나 동행한 피의자가 언제든지 자유로이 동행과정에서 이탈 또는 동행장소로부터 퇴거할 수 있었음이 인정되는 등 오로지 피의자의 자발적인 의사에 의하여 수사관서 등에의 동행이 이루어졌음이 객관적인 사정에 의하여 명백하게 입증된 경우에 한하여 임의동행의 적법성이 인정되는 것으로 봄이 상당하다.

③ 식품위생법상의 일반음식점 영업허가를 받은 업소라고 하더라도 실제의 영업형태 중에서는 주간에는 주로 음식류를 조리·판매하고 야간에는 주로 주류를 조리·판매하는 형태도 있을 수 있는데, 이러한 경우 음식류의 조리·판매보다는 주로 주류를 조리·판매하는 야간의 영업형태에 있어서의 그 업소는 청소년보호법의 입법취지에 비추어 볼 때 청소년보호법상의 청소년고용금지업소에 해당한다.

④ 유흥주점 운영자가 업소에 들어온 미성년자의 신분을 의심하여 주문받은 술을 들고 룸에 들어가 신분증의 제시를 요구하고 밖으로 데리고 나온 사안에서, 미성년자가 실제 주류를 마시거나 마실 수 있는 상태에 이르지 않았으므로 술값의 선불지급 여부 등과 무관하게 주류판매에 관한 청소년보호법위반죄가 성립하지 않는다.

## 4. 경비경찰에 관한 다음 설명 중 가장 옳은 것은?

① 각국의 대테러조직으로 영국의 SAS, 미국의 SWAT, 독일의 GIGN, 프랑스의 GSG-9 등이 있다.

② 진압활동시의 3대 원칙은 신속한 해산, 주모자 체포, 재집결 방지이다.

③ 경호경비의 4대 원칙 중 '하나의 통제된 지점을 통한 접근원칙'은 일반에 노출된 도보행차나 수차 행차하였던 동일한 장소를 가급적 회피하는 원칙이다.

④ 재난발생시 재난관리 주무부서는 경찰청이다.

**5.** 2011년 1월 1일부터 시행된 도로교통법에서는 어린이보호구역 내 주요 법규위반에 대해 벌칙이 강화되었다. 이에 관한 다음 설명 중 가장 적절하지 않은 것은? (위반행위는 어린이보호구역안에서 오후 1시에 이루어진 것으로 한다.)

① 적용시간은 오전 8시부터 오후 8시까지이다.

② 적용대상 법규위반 행위에는 통행금지·제한위반, 주·정차위반, 속도위반, 신호·지시위반, 보행자보호의무불이행이 있다.

③ 승합자동차를 이용하여 신호를 위반하다 단속되는 경우, 범칙금 13만원과 운전면허 벌점 30점이 부과된다.

④ 승합자동차를 이용하여 규정속도를 15km/h 초과 운행하다 단속되는 경우, 범칙금 6만원과 운전면허 벌점 30점이 부과된다.

**6.** 운전면허와 운전면허 행정처분에 관한 다음 설명 중 적절하지 않은 것은 모두 몇 개인가?

---

㉠ 승차정원 12인 이하의 긴급자동차(승용 및 승합자동차에 한정한다)는 제1종 보통면허로 운전이 가능하다.

㉡ 19세미만(원동기장치자전거의 경우 16세미만)인 사람은 운전면허 결격사유에 해당한다.

㉢ 연습운전면허를 받은 사람이 연습운전면허를 받은 날부터 1년 이전이라도 제1종 보통면허 또는 제2종 보통면허를 받은 경우에는 연습운전면허의 효력을 잃는다.

㉣ 면허 있는 자가 약물·과로운전 중에 사람을 사상한 후 구호조치 및 신고 없이 도주한 경우, 운전면허시험 응시제한 기간은 취소된 날부터 5년이다.

---

> ⑩ 면허 있는 자가 음주운전으로 3회 이상 교통사고를 야기한 경우, 운전면허시험 응시제한 기간은 취소된 날부터 4년이다.

① 2개    ② 3개    ③ 4개    ④ 5개

## 7. 「집회 및 시위에 관한 법률」 및 시행령에 관한 다음 설명 중 가장 옳은 것은?

① 해상시위·공중시위, 군작전 관할구역 내에서의 옥외집회, 자동차·건설기계·농기계 등을 동원한 차량시위는 신고대상이 아니다.

② 집회신고서를 접수한 관할 경찰관서장은 신고서에 미비점이 발견되었을 때 접수증을 교부한 때부터 12시간 이내 36시간을 기한으로 그 기재 사항을 보완할 것을 통고할 수 있으며, 집회 금지통고의 경우 신고서를 접수한 때부터 48시간 이내에 주최자에게 통고할 수 있다.

③ 주거지역에서 야간에 개최되는 집회의 경우에 「집회 및 시위에 관한 법률 시행령」에서 규정한 확성기등의 소음기준은 65db이하이다.

④ 집회 또는 시위의 주최자 및 질서유지인은 특정한 사람이나 단체가 집회나 시위에 참가하는 것을 막을 수 있다. 다만, 언론사의 기자는 출입이 보장되어야 하며, 이 경우 기자는 신분증을 제시하고 기자임을 표시한 완장을 착용하여야 한다.

## 8. 보안관찰처분에 관한 다음 설명 중 옳은 것은 모두 몇 개인가?

> ㉠ 보안관찰처분대상자는 보안관찰해당범죄 또는 이와 경합된 범죄로 금고 이상의 형의 선고를 받고 그 형기합계가 3년 이상인 자로서 형의 전부 또는 일부의 집행을 받은 사실이 있는 자이다.
> ㉡ 법무부장관은 준법정신이 확립되어 있는 자, 일정한 주거와 생업이 있는 자, 대통령령으로 정한 신원보증(2인 이상 신원보증인의 신원보증)이 있는 자에 대하여 보안관찰처분 면제결정을 하여야 한다.
> ㉢ 보안관찰처분에 관한 사안을 심의·의결하기 위하여 법무부에 보안관찰처분심의위원회를 두고, 그 위원회의 위원장은 법무부장관이고 위원장 1인과 6인의 위원으로 구성한다.

ⓔ 보안관찰처분의 결정을 받은 자가 그 결정에 이의가 있을 때에는 그 결정이 집행된 날부터 60일 이내에 서울고등법원에 소를 제기할 수 있다.

ⓜ 보안관찰처분대상자는 출소 후 7일 이내에 거주예정지 관할 경찰서장에게 출소사실을 신고하여야 한다.

① 1개          ② 2개          ③ 3개          ④ 4개

**9.** 범죄인인도법에 관한 다음 설명 중 가장 적절하지 않은 것은?

① 범죄인인도에 관하여 인도조약에 범죄인인도법과 다른 규정이 있는 경우, 범죄인인도법 규정에 따른다.

② 자국민불인도의 원칙과 관련하여 우리나라는 임의적 거절사유로 규정하고 있다.

③ 정치범불인도의 원칙에 대하여 우리나라도 명문규정을 두고 있으나, 정치범에 대하여는 별도의 개념 정의를 하고 있지 않다.

④ 군사범불인도의 원칙은 군사범죄자는 인도하지 않는다는 원칙이며, 우리나라는 명문규정을 두고 있지 않다.

**10.** 정보공개제도에 관한 다음 설명 중 가장 적절하지 않은 것은?

① 공공기관은 정보공개의 청구를 받은 날부터 10일 이내에 공개여부를 결정하여야 한다. 부득이한 사유로 규정된 기간 내에 공개여부를 결정할 수 없을 때에는 그 기간의 만료일 다음 날부터 기산하여 10일의 범위 내에서 공개여부 결정기간을 연장할 수 있다.

② 정보공개를 청구한 날부터 20일 이내에 공공기관이 공개여부를 결정하지 아니한 때에는 비공개의 결정이 있는 것으로 본다.

③ 비공개결정에 대해 청구인은 이의신청 또는 행정심판을 청구할 수 있고, 직접 행정소송을 제기할 수 있다. 이 때, 청구인이 행정심판을 청구하기 위해서는 반드시 이의신청절차를 거쳐야 한다.

④ 공공기관은 공개청구된 공개대상정보의 전부 또는 일부가 제3자와 관련이 있다고 인정되는 때에는 그 사실을 제3자에게 지체없이 통지하여

야 하며, 필요한 경우에는 그의 의견을 청취할 수 있다. 공개청구된 사실을 통지받은 제3자는 통지받은 날부터 3일 이내에 당해 공공기관에 대하여 자신과 관련된 정보를 공개하지 아니할 것을 요청할 수 있다.

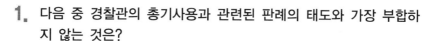

## 2012년 제1차 경찰공무원(순경) 공채 시험 문제

**1.** 다음 중 경찰관의 총기사용과 관련된 판례의 태도와 가장 부합하지 않는 것은?

① 타인의 집 대문 앞에 은신하고 있다가 경찰관의 명령에 따라 순순히 손을 들고 나오면서 그대로 도주하는 범인을 경찰관이 뒤따라 추격하면서 등 부위에 권총을 발사하여 사망케 한 경우, 위와 같은 총기사용은 현재의 부당한 침해를 방지하거나 현재의 위난을 피하기 위한 상당성 있는 행위라고 볼 수 없다.

② 야간에 술이 취한 상태에서 병원에 있던 과도로 대형 유리창문을 쳐 깨뜨리고 자신의 복부에 칼을 대고 할복자살 하겠다고 난동을 부린 피해자가 출동한 2명의 경찰관들에게 칼을 들고 항거하였다고 하여도 위 경찰관 등이 공포를 발사하거나 소지한 가스총과 경찰봉을 사용하여 위 망인의 항거를 억제할 시간적 여유와 보충적 수단이 있었다고 보여지고, 또 부득이 총을 발사할 수밖에 없었다고 하더라도 하체 부위를 향하여 발사함으로써 그 위해를 최소한도로 줄일 여지가 있었다고 보여지므로, 칼빈소총을 1회 발사하여 피해자의 왼쪽 가슴아래 부위를 관통하여 사망케 한 경찰관의 총기사용 행위는 경찰관직무집행법 소정의 총기사용 한계를 벗어난 것이다.

③ 경찰관이 길이 40센티미터 가량의 칼로 반복적으로 위협하며 도주하는 차량 절도 혐의자를 추적하던 중, 도주하기 위하여 등을 돌린 혐의자의 몸쪽을 향하여 약 2미터 거리에서 실탄을 발사하여 혐의자를 복부관통상으로 사망케 하였다 하더라도 경찰관의 총기사용은 사회통념상 허용범위를 벗어나지 않은 것으로 위법하지 않다.

④ 50씨씨(cc) 소형 오토바이 1대를 절취하여 운전 중인 15~16세의 절도 혐의자 3인이 경찰관의 검문에 불응하며 도주하자, 경찰관이 체포목적으로 오토바이의 바퀴를 조준하여 실탄을 발사하였으나 오토바이에 타고 있던 1인이 총상을 입게 된 경우, 제반 사정에 비추어 경찰관의 총기사용이 사회통념상 허용범위를 벗어나 위법하다.

제2편 경찰학 각론 **195**

**2.** 「풍속영업의규제에관한법률」 제3조는 풍속영업자의 범위 및 풍속 영업자의 준수사항에 관하여 규정하고 있다. 다음 중 이와 관련된 판례의 태도와 부합하는 것은?

① 숙박업소에서 위성방송수신기를 이용하여 수신한 외국의 음란한 위성 방송프로그램에 대해 일정한 잠금장치를 설치하여 관람을 원하는 성인 만을 상대로 방송을 시청하게 한 경우, 그 시청 대상자가 관람을 원하 는 성인에 한정되므로, 풍속영업의규제에관한법률위반으로 처벌할 수 없다.

② 풍속영업자가 지켜야 할 준수사항은 실제로 하고 있는 영업형태에 따 라 정하여지는 것이 아니라 그 자가 받은 영업허가 등에 의하여 정하여 지는 것이므로, 유흥주점 영업허가를 받고 실제로는 노래연습장 영업을 하고 있다 하더라도 유흥주점 영업에 따른 영업자 준수사항을 지켜야 할 의무가 있다.

③ 풍속영업자가 자신이 운영하는 여관에서 친구들과 일시 오락 정도에 불과한 도박을 한 경우, 형법상 도박죄는 성립되지 않는다 할지라도 형 법과 그 제정목적이 다른 풍속영업의규제에관한법률 제3조 제4호의 '도 박이나 그 밖의 사행행위를 하게 하는 행위'에는 해당되고 위법성도 조 각되지 않으므로 이를 처벌할 수 있다.

④ 유흥주점 여종업원들이 웃옷을 벗고 브래지어만 착용하거나 치마를 허 벅지가 다 드러나도록 걷어 올리고 가슴이 보일 정도로 어깨 끈을 밑으 로 내린 채 손님을 접대하였다는 정황만으로는 위 종업원들의 행위와 노출 정도가 형사법상 규제의 대상으로 삼을 만큼 사회적으로 유해한 영향을 끼칠 위험성이 있다고 평가할 수 있을 정도로 노골적인 방법에 의하여 성적 부위를 노출하거나 성적 행위를 표현한 것이라고 단정하 기에 부족하므로 풍속영업의규제에관한법률 제3조에 정한 '음란행위'에 해당한다고 판단하기 어렵다.

**3.** 다음 중 「경비업법」상 경비업무에 관한 설명으로 가장 적절하지 않은 것은?

① 시설경비업무는 경비를 필요로 하는 시설 및 장소에서의 도난·화재 그 밖의 혼잡 등으로 인한 위험발생을 방지하는 업무이다.

② 특수경비업무는 공항(항공기를 제외한다) 등 대통령령이 정하는 국가중요시설의 경비 및 도난·화재 그 밖의 위험발생을 방지하는 업무이다.

③ 기계경비업무는 경비대상시설에 설치한 기기에 의하여 감지·송신된 정보를 그 경비대상시설 외의 장소에 설치한 관제시설의 기기로 수신하여 도난·화재 등 위험발생을 방지하는 업무이다.

④ 신변보호업무는 사람의 생명이나 신체에 대한 위해의 발생을 방지하고 그 신변을 보호하는 업무이다.

**4.** 다음 중 선거경비에 관한 설명으로 가장 적절하지 않은 것은?

① 개표소 내부는 선거관리위원회 위원장의 책임 하에 질서를 유지하며, 질서문란행위가 발생하면 선거관리위원회 위원장의 요청이 있을 경우에만 경찰력을 투입할 수 있다.

② 개표소 내부의 질서가 회복되거나 선거관리위원회 위원장의 요구가 있을 때에는 즉시 퇴거하여야 한다.

③ 대통령선거 후보자는 을호 경호 대상으로 후보자등록시부터 당선확정시까지 실시하며, 대통령으로 당선이 확정된 자는 갑호 경호의 대상이다.

④ 선거경비는 행사안전경비, 특수경비, 경호경비, 다중범죄진압 등 종합적인 경비활동이 요구된다.

**5.** 다음 중 운전면허 결격기간(응시제한기간)이 나머지와 다른 것은?

① 음주운전으로 3회 이상 교통사고를 야기한 경우

② 3회 이상 음주운전 및 측정거부로 운전면허가 취소된 경우

③ 다른 사람의 자동차를 훔치거나 빼앗은 때

④ 무면허 운전금지 규정(정지기간 중 운전 포함)을 3회 이상 위반하여 단속된 경우

## 6. 다음 중 방범용 CCTV에 대한 이론적 설명으로 가장 적절하지 않은 것은?

① 방범용 CCTV는 상황적 범죄예방이론 및 CPTED이론 등을 근거로 하고 있다.

② 한 지역에서 방범용 CCTV를 설치했을 때 그 지역은 범죄율이 감소하지만 인근지역의 범죄율이 증가하는 것을 범죄의 전이효과(crime displacement effect)라고 한다.

③ 방범용 CCTV의 설치로 우발적이고 비이성적인 범죄에 대한 예방은 어렵지만 침입절도나 강도 등을 예방하는데 효과가 있다는 점은 범죄의 합리적 선택이론을 입증하는 것이다.

④ 방범용 CCTV를 통한 범죄예방은 일반예방이론보다 특별예방이론의 측면이 강하다.

## 7. 다음 중 교통경찰과 관련된 판례의 태도와 부합하지 않는 것은 모두 몇 개인가?

⊙ 운전자에게는 특별한 사정이 없는 한 반대차로를 운행하는 차가 갑자기 중앙선을 넘어 올 것까지 예견하여 감속하는 등 미리 충돌을 방지할 태세를 갖추어 운전해야 할 주의의무가 있다고는 할 수 없다.

ⓒ 특별한 이유 없이 호흡측정기에 의한 측정에 불응하는 운전자에게 경찰공무원이 혈액채취에 의한 측정방법이 있음을 고지하고 그 선택 여부를 물어야 할 의무가 있다고는 할 수 없다.

ⓒ 고속도로를 운행하는 자동차 운전자는 고속도로를 무단횡단하는 보행자가 있을 것을 미리 예견하여 운전할 주의의무가 있다.

ⓔ 술에 취한 피고인이 자동차 안에서 잠을 자다가 추위를 느껴 히터를 가동하기 위하여 시동을 걸었고, 실수로 제동장치 등을 건드렸다고 하더라도 자동차가 움직였으면 음주운전에 해당한다.

      ⑩ 약물 등의 영향으로 정상적으로 운전하지 못할 우려가 있는 상태에서 자동차 등을 운전하였다고 인정하려면, 약물 등의 영향으로 인하여 '정상적으로 운전하지 못할 우려가 있는 상태'에서 운전을 하면 바로 성립하고, 현실적으로 '정상적으로 운전하지 못할 상태'에 이르러야만 하는 것은 아니다.

      ⑪ 횡단보도 보행신호등의 녹색등화가 점멸할 때에는 보행자의 횡단을 금지하고 있으므로 보행자가 녹색등화의 점멸신호 이후에 횡단을 시작하였다면 설사 녹색등화가 점멸 중이더라도 횡단보도에서의 보행자보호의무의 대상으로 보기 어렵다.

① 2개             ② 3개

③ 4개             ④ 5개

**8.** 「집회및시위에관한법률」에 규정된 다음 내용 중 가장 적절하지 않은 것은?

① 집회 또는 시위의 주최자는 집회 또는 시위의 질서유지에 관하여 자신을 보좌하도록 18세 이상의 사람을 질서유지인으로 임명할 수 있다.

② 집회 또는 시위의 주최자는 집회 또는 시위의 금지 통고를 받은 날부터 10일 이내에 해당 경찰관서의 장에게 이의를 신청할 수 있다.

③ 학문, 예술, 체육, 종교, 의식, 친목, 오락, 관혼상제 및 국경행사에 관한 집회는 신고대상이 아니다.

④ 국회의사당의 경계 지점으로부터 100미터 이내의 장소에서는 옥외집회 또는 시위를 하여서는 아니 된다.

**9.** 다음은 「국가보안법」과 관련된 설명이다. 옳은 것은 모두 몇 개인가?

      ㉠ 국가보안법상 선택형으로 벌금형을 두고 있는 것은 불고지죄 뿐이다.

ⓒ 공소보류를 받은 자가 공소제기 없이 2년을 경과한 때에는 소추되지 아니한다.

ⓒ 참고인으로 출석요구를 받은 자가 정당한 이유 없이 2회 이상 출석요구에 불응한 때에는 관할법원판사의 구속영장을 발부받아 구인할 수 있다.

ⓒ 수사를 계속함에 상당한 이유가 있다고 인정될 때에는 지방법원판사의 허가를 받아 사법경찰관은 1차, 검사는 2차에 한하여 구속기간을 연장할 수 있다.(단, 불고지죄, 찬양고무죄는 제외)

① 1개      ② 2개
③ 3개      ④ 4개

## 10. 다음은 외사경찰활동과 관련된 내용이다. 가장 적절한 것은?

① 사증(VISA)의 발급권자는 외교통상부장관이고, 여권의 발급권자는 법무부장관이다.

② 대한민국에 체류하는 외국인이 그 체류자격에 해당하는 활동과 함께 다른 체류자격에 해당하는 활동을 하려면 미리 법무부장관의 체류자격 외 활동허가를 받아야 한다.

③ 출입국관리법 규정에 의해 외국인의 난민 임시상륙허가를 할 경우 법무부장관과 협의 후 외교통상부장관의 승인이 필요하다.

④ 인터폴의 조직 중 모든 회원국에 설치된 상설기구로서 타국으로부터 수신되는 각종 공조요구에 응할 수 있도록 설치된 기구는 사무총국이다.

## 11. 「범죄인인도법」 규정에 관한 다음 내용 중 옳은 것은 모두 몇 개인가?

㉠ 범죄인인도법은 범죄인 인도에 관하여 인도조약에 범죄인인도법과 다른 규정이 있는 경우 인도조약 규정이 우선함을 명시하고 있다.

㉡ 대한민국과 청구국의 법률에 따라 인도범죄가 사형, 무기징역, 무기금고, 장기 1년 이상의 징역 또는 금고에 해당하는 경우에만 범죄인을 인도할 수 있다.

ⓒ 청구국의 인도청구가 범죄인이 범한 정치적 성격을 지닌 다른 범
죄에 대하여 재판을 하거나 그러한 범죄에 대하여 이미 확정된 형
을 집행할 목적으로 행하여진 것이라고 인정되는 경우에는 범죄인
을 인도하여서는 아니 된다.
ⓡ 범죄인 인도심사 및 그 청구와 관련된 사건은 각 관할구역 지방법
원과 지방검찰청의 전속관할로 한다.

① 1개          ② 2개          ③ 3개          ④ 4개

## 2010년 제2차 경찰공무원 순경 채용시험 문제

**1.** 범죄예방(통제)이론에 대한 다음 설명 중 가장 옳지 않은 것은?

① 합리적 선택이론에서는 인간의 자유의지를 인정하는 결정론적 인간관에 입각하여 범죄자는 비용과 이익을 계산하고 자신에게 유리한 경우에 범죄를 행한다고 본다.

② 사회발전을 통한 범죄예방이론에 대하여는 개인이나 소규모의 조직체에 의해 수행될 수 없다는 비판이 제기된다.

③ 일상활동 이론은 범죄자의 입장에서 범행을 결정하는데 고려되는 4가지 요소로 가치(Value), 이동의 용이성(Inertia), 가시성(Visibility), 접근성(Access)을 들고 있다.

④ 환경설계를 통한 범죄예방기법(CPTED)은 생태학적 이론의 대표적인 예라 할 수 있다.

**2.** 다음 중 인질사건 발생시 나타날 수 있는 현상으로 (가) 항목의 요소와 (나) 항목의 요소가 올바르게 연결된 것은?

> (가) ㉠ 스톡홀름 증후군  ㉡ 리마 증후군
> (나) ⓐ 페루 수도 소재 일본대사관에서 발생하였던 투팍아마르 혁명운동 소속 게릴라들에 의해 발생한 인질사건에서 유래되었다.
> ⓑ 심리학에서는 오귀인 효과라고도 한다.
> ⓒ 인질이 인질범에게 동화되는 현상으로 이는 시간이 경과할수록 인질이 인질범을 이해하는 일종의 감정이입이 이루어져 상호간에 친근감을 갖게 되는 현상을 말한다.
> ⓓ 인질범이 인질들의 문화를 학습하거나 정신적으로 동화되어 결과적으로 공격적인 태도가 완화되는 현상을 말한다.

① ㉠ - ⓐ, ⓑ      ② ㉠ - ⓑ, ⓓ

③ ㉡ - ⓑ, ⓒ      ④ ㉡ - ⓐ, ⓓ

**3.** 보안관찰에 대한 다음 설명 중 가장 옳지 않은 것은?

① 형법상 보안관찰 해당범죄는 내란목적살인죄, 간첩죄, 외환유치죄, 물건제공이적죄 등이 있다.

② 보안관찰처분 대상자는 보안관찰 해당범죄 또는 이와 경합된 범죄로 벌금 이상의 형의 선고를 받고 그 형기 합계가 3년 이상인 자로서 형의 전부 또는 일부의 집행을 받은 사실이 있는 자를 말한다.

③ 보안관찰처분의 기간은 2년이며, 법무부장관은 검사의 청구가 있는 때에는 보안관찰처분심의위원회의 의결을 거쳐 그 기간을 갱신할 수 있다.

④ 보안관찰법에 의한 법무부장관의 결정을 받은 자가 그 결정에 이의가 있을 때에는 행정소송법이 정하는 바에 따라 그 결정이 집행된 날부터 60일 이내에 서울고등법원에 소를 제기할 수 있다.

**4.** 출입국관리법에 규정된 외국인의 입국을 금지할 수 있는 사유가 아닌 것은?

① 상륙허가 없이 상륙하였거나 상륙허가 조건을 위반한 자

② 전염병환자·마약류중독자 기타 공중위생상 위해를 미칠 염려가 있다고 인정되는 자

③ 국내체류비용을 부담할 능력이 없는 자

④ 경제질서 또는 사회질서를 해하거나 선량한 풍속을 해하는 행동을 할 염려가 있다고 인정할 만한 상당한 이유가 있는 자

**5.** 국제형사사법공조법에 규정된 공조를 거절할 수 있는 사유가 아닌 것은?

① 대한민국의 주권, 국가안전보장, 안녕질서 또는 미풍양속을 해칠 우려가 있는 경우

② 인종, 국적, 성별, 종교, 사회적 신분 또는 특정 사회단체에 속한다는 사실이나 정치적 견해를 달리한다는 이유로 처벌되거나 형사상 불리한 처분을 받을 우려가 있다고 인정되는 경우

③ 공조범죄가 요청국의 법률에 의하여는 범죄를 구성하지 아니하거나 공소를 제기할 수 없는 범죄인 경우

④ 공조범죄가 정치적 성격을 지닌 범죄이거나, 공조요청이 정치적 성격을 지닌 다른 범죄에 대한 수사 또는 재판을 할 목적으로 한 것이라고 인정되는 경우

## 6. 연습운전면허에 관한 설명으로 옳지 않은 것은 모두 몇 개인가?

㉠ 연습운전면허는 제1종 보통연습면허와 제2종 보통연습면허의 2종류가 있으며, 원칙적으로 그 면허를 받은 날부터 1년 동안 효력을 가진다.

㉡ 주행연습을 하는 때에는 운전면허를 받은 날부터 1년이 경과된 사람과 함께 타서 그의 지도를 받아야 한다.

㉢ 교통사고를 일으켰더라도 단순히 물적 피해만 발생한 경우에는 벌점을 부과한다.

㉣ 운전면허시험장의 도로주행시험을 담당하는 경찰관의 지시에 따라 운전하던 중 교통사고를 일으킨 경우 면허를 취소하지 않는다.

① 1개    ② 2개    ③ 3개    ④ 4개

## 7. 다음 설명 중 옳지 않은 것은 모두 몇 개인가?

㉠ 선거별 선거기간은 대통령선거는 23일, 국회의원선거와 지방자치단체의 의회의원 및 장의 선거는 14일이다.

㉡ 고용노동부 장관의 긴급조정 결정이 공표된 때에는 관계당사자는 즉시 쟁의행위를 중지하여야 하며, 공표일부터 15일이 경과하지 아니하면 쟁의행위를 재개할 수 없다.

㉢ 옥외집회나 시위를 주최하려는 자는 신고서를 옥외집회나 시위를 시작하기 720시간 전부터 48시간 전에 제출하여야 한다.

㉣ 정당이 임기만료에 의한 국회의원선거에 참여하여 의석을 얻지 못하고 유효투표총수의 100분의 2 이상을 득표하지 못한 때 당해 선거관리위원회는 그 정당의 등록을 취소한다.

① 1개　　　② 2개　　　③ 3개　　　④ 4개

## 8. 사회적 현상에 대한 다음 설명 중 연결이 잘못된 것은?

① 노비즘 – 이웃이나 사회에 피해가 가더라도 자신에게 손해가 되지 않는 일에는 무관심한 현상

② 님비현상 – 자기 지역에 이득이 되는 시설을 유치하거나 관할권을 차지하려는 현상

③ 도넛현상 – 대도시의 거주지역 및 업무의 일부가 외곽지역으로 집중되고 도심에는 공공기관·상업기관만 남아 도심이 도넛 모양으로 텅 비는 현상

④ 스프롤현상 – 도시의 급격한 발전에 따라 도시의 교외지역이 무질서하게 주택화로 잠식해가는 현상

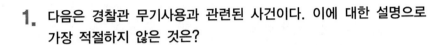

## 2011년 제2차 경찰공무원(순경)채용시험 문제

**1.** 다음은 경찰관 무기사용과 관련된 사건이다. 이에 대한 설명으로 가장 적절하지 않은 것은?

> ㉠ 경찰관 A는 동료 경찰관 B와 함께 순찰차를 타고 관내를 순찰하고 있었다. 이 때 경찰서 상황실로부터 신고에 의하면 K라는 사람이 한 술집에서 술병으로 타인을 찌르고, 자신의 집인 꽃집으로 가서 아들을 칼로 위협하는 사건이 발생하였으니 이에 대응하라는 무선 지령을 받고 지원 출동하였다.
>
> ㉡ 용의자의 꽃집에 도착하여, 동료 경찰관 B는 주위에 있는 막대기를 들고 앞장서고, A는 권총을 꺼내 안전장치를 풀고 B의 뒤에 서서 엄호하며 집 안으로 걸어 들어갔다. 이 때 용의자 K가 세면장에서 나오면서 경찰관 A와 B에게 소리를 지르며 달려들었다. 일반부 씨름선수에서 우승할 정도의 건장한 체격을 가진 K는 쉽게 경찰관 A와 B를 넘어뜨리고 넘어진 경찰관 B의 몸 위에 올라 타 몸싸움을 하였다.
>
> ㉢ 이를 본 경찰관 A는 넘어져 있는 상태에서 소지하고 있던 권총으로 공포탄 1발을 발사하였다. 그러나 K는 이에 굴복하지 않고 계속 경찰관 B의 몸 위에서 그의 목을 누르는 등의 물리력을 행사하여 일어나지 못하게 하였다.
>
> ㉣ 이에 경찰관 A는 K를 향하여 실탄 1발을 발사하였고, 그 실탄은 K의 우측 흉부 하단 늑간 부위를 관통하였다. K는 즉시 병원에 후송되어 입원치료를 받았으나 간파열 등으로 인한 패혈증으로 며칠 뒤에 사망하였다. 나중에 확인하여 보니 K는 경찰관과 격투를 할 당시 칼을 소지하지 않고 있었던 것으로 밝혀졌다.

① 경찰관은 범인이 무기·흉기 등 위험한 물건을 소지하고, 경찰관으로부터 3회 이상의 투기명령 또는 투항명령을 받고도 이에 불응하면서 계속 항거하여 이를 방지 또는 체포하기 위하여 무기를 사용하지 아니하고는 다른 수단이 없다고 인정되는 상당한 이유가 있을 경우에는 총기

를 사용할 수 있다.

② 사망한 K의 유가족은 경찰관 A를 상대로 형법 제268조의 업무상 과실치사를 주장할 수 있다.

③ 경찰관 A는 자기 또는 동료경찰관 B의 현재의 부당한 침해를 방위하기 위한 행위로서 상당성이 있기 때문에 형법 제21조 상의 정당방위를 주장할 수 있다.

④ 이 사건에서 경찰관 A의 정당방위가 인정된다면, 민사상에 있어서 국가의 국가배상책임 역시 면책된다고 할 수 있다.

## 2. 아래 보기에 가장 부합되지 않은 경찰활동은?

> ㉠ 범인검거에서 범죄예방분야로의 역량을 강화하기 위해 사후적 검거활동에서 사전적 예방활동으로 전환하고, 범죄예방을 위한 다양한 자원을 투입하였으며, 경찰평가의 기준으로 검거실적에서 범죄예방노력과 범죄발생률로 전환하였다.
> ㉡ 지역사회와의 협력치안을 강화하기 위해 경찰력에만 의존한 치안정책에서 지역사회 협력치안으로 전환하고, 지역사회 문제해결과 주민의 경찰행정 참여기회를 보장하였다.
> ㉢ 경찰내부의 개혁으로는 권한의 집중에서 권한분산을 통한 경찰책임의 증대로 권한과 책임의 일치를 추구하고, 상의하달의 의사구조를 하의상달의 구조로 상호교류를 확대하였다.

① 심각한 범죄에 대한 신속하고 효과적인 대응보다는 지역사회와의 밀접한 상호작용에 가치를 둔다.

② 경찰의 능률성은 체포율과 적발 건수보다는 범죄와 무질서의 부재에 있다.

③ 경찰의 효과성은 현장임장시간보다는 대중의 협조에 무게를 둔다.

④ 경찰의 역할은 폭넓은 지역문제를 해결하는 것 보다는 범죄를 해결하는 것이다.

**3.** 다음 경비경찰과 관련된 설명으로 가장 적절하지 않은 것은?

① 경호의 4대 원칙으로는 자기희생의 원칙, 자기담당구역 책임의 원칙, 다양하게 통제된 지점을 통한 접근의 원칙, 목표물 보존의 원칙을 들 수 있다.

② 진압의 기본원칙으로는 봉쇄·방어, 차단·배제, 세력분산, 주동자 격리의 원칙을 들 수 있다.

③ 행사장 안전경비에 있어 군중정리에는 밀도의 희박화, 이동의 일정화, 경쟁적 사태의 해소, 지시의 철저의 네 가지 원칙이 적용되어야 한다.

④ 경비경찰의 조직운용원리로는 부대단위활동의 원칙, 지휘관 단일성의 원칙, 체계통일성의 원칙, 치안협력성의 원칙의 네 가지를 들 수 있다.

**4.** 도로교통에 참여하는 운전자는 도로교통법상 다른 운전자들도 스스로 도로교통법규를 준수하리라는 것을 신뢰할 수 있고 교통규칙에 위반되는 돌발 사태까지 예상하여 주의할 필요가 없다는 원칙에 관하여 다음 내용 중 적절하지 않은 것은 모두 몇 개인가?

> ㉠ 신뢰의 원칙이라고 하며 과실범과 관련이 있다.
> ㉡ 현대사회에서 도로교통의 사회적 중요성에 기인하여 과실범처벌을 완화하자는 원칙이다.
> ㉢ 이 원칙은 독일의 판례가 채택한 이래 스위스, 오스트리아, 일본, 우리나라의 판례에 영향을 주었다.
> ㉣ 고속도로에서 상대방 차량이 중앙선을 침범하지 않을 것이라는 것을 믿어도 된다는 원칙
> ㉤ 다른 차량이 무모하게 앞지르지 않을 것을 믿어도 된다는 원칙
> ㉥ 교차로에 들어서서 통행후순위 차량이 앞질러 진입하지 않을 것을 믿어도 된다는 원칙
> ㉦ 도로교통에서 상대방의 규칙위반을 이미 인식한 경우에도 동 원칙이 적용된다.

① 1개          ② 2개          ③ 3개          ④ 4개

**5.** 운전면허에 관한 설명으로 가장 적절하지 않은 것은?

① 운전면허는 크게 제1종 운전면허와 제2종 운전면허로 구분된다.

② 1종면허는 대형면허, 보통면허, 소형면허, 특수면허로 구분된다.

③ 1종 대형과 특수면허는 20세 이상으로 자동차(이륜자동차 제외)의 운전경험이 1년 이상인 사람만이 취득할 수 있고, 1종 보통과 소형면허는 18세 이상, 원동기장치자전거 면허는 16세 이상의 사람이 취득할 수 있다.

④ 연습운전면허는 장내 기능검정 합격자에 대해 교부되는 제1종 보통연습면허와 제2종 보통연습면허가 있고, 면허를 받은 날로부터 2년간의 효력을 가진다.

**6.** 정보의 배포란 정보를 필요로 하는 개인이나 기관에게 적합한 형태와 내용을 갖추어서 적당한 시기에 제공하는 과정이다. 아무리 중요하고 정확한 정보를 생산했다 하더라도 그 정보가 필요한 사람에게 적절히 전달되지 않는다면 정보의 가치는 상실되고 만다. 다음은 정보 배포의 원칙에 대한 설명 중 옳지 않은 것은 모두 몇 개인가?

> ㉠ 필요성 - 정확하고 완전한 정보라 할지라도 배포과정에서 지연되어 사용 시기를 놓치거나 너무 일찍 전달되면 정보의 가치는 상실된다.
> ㉡ 적시성 - 배포기관은 누가 어떤 정보를 언제, 어떻게 사용할 것인가를 파악하고 있어야 한다.
> ㉢ 적당성 - 정보는 사용자의 능력과 상황에 맞추어서 적당한 양을 조절하여 필요한 만큼만 적절한 전파수단을 통해 전달되어야 한다.
> ㉣ 보안성 - 완성된 정보연구 및 판단이 누설되면 정보로서의 가치를 상실할 수 있다.
> ㉤ 계속성 - 배포된 정보와 관련성을 가진 새로운 정보를 조직적이고 계속적으로 배포해야 한다.

① 1개        ② 2개        ③ 3개        ④ 4개

**7.** 집회 및 시위의 금지와 관련한 다음 설명 중 옳은 것은 모두 몇 개인가?

> ㉠ 헌법재판소의 결정에 따라 해산된 정당의 목적을 달성하기 위한 집회 또는 시위는 금지된다.
> ㉡ 집회 및 시위의 신고 장소가 학교의 주변지역으로서 집회 또는 시위로 학습권을 뚜렷이 침해할 우려가 있는 경우는 금지될 수 있다.
> ㉢ 집회 및 시위의 신고 장소가 군사시설의 주변지역으로서 집회 또는 시위로 시설이나 군작전의 수행에 심각한 피해가 발생할 우려가 있는 경우는 금지될 수 있다.
> ㉣ 집회 및 시위의 주최자가 질서유지인을 두고 도로를 행진하는 경우에는 심각한 교통 불편을 초래할 우려가 있지 않은 한 이를 금지할 수 없다.
> ㉤ 국무총리의 공관으로부터 100미터 이내의 장소에서는 행진을 할 수 없다.

① 2개        ② 3개        ③ 4개        ④ 5개

**8.** 다음 중 보안관찰법의 내용으로 가장 적절하지 않은 것은?

① 보안관찰법은 특정범죄를 범한 자에 대하여 재범의 위험성을 예방하고 건전한 사회복귀를 촉진하기 위하여 보안관찰처분을 함으로써 국가의 안전과 사회의 안녕을 유지하는데 법 제정의 목적이 있다.

② 보안관찰처분대상자란 보안관찰해당범죄 또는 이와 경합된 범죄로 금고 이상의 형의 선고를 받고 그 형기합계가 1년 이상인 자로서 형의 전부의 집행을 받은 사실이 있는 자를 말한다.

③ 보안관찰처분의 기간은 2년으로 한다. 또한 법무부장관은 검사의 청구가 있는 때에는 보안관찰처분심의위원회의 의결을 거쳐 그 기간을 갱신할 수 있다.

④ 보안관찰처분에 관한 사안을 심의 · 의결하기 위하여 법무부에 보안관찰처분심의위원회를 두고 있다.

## 9. 국제형사경찰기구(INTERPOL)에 관한 설명으로 가장 적절하지 않은 것은?

① 국제형사경찰기구는 회원국 상호간 필요한 각종 정보와 자료를 교환하고, 또한 범인체포 및 인도에 있어서 상호 신속·원활한 협조관계를 유지하는 형사경찰의 정부간 국제공조수사기구이다.

② 국제형사경찰기구는 자체 내에 국제수사관을 두어 각국의 법과 국경에 구애됨이 없이 자유로이 왕래하면서 범인을 추적·수사하는 국제수사기관으로서의 역할을 한다.

③ 국제형사경찰기구의 협력은 범죄예방을 위한 협력과 범죄수사를 위한 협력으로 이루어진다.

④ 국제형사경찰기구는 범죄의 예방과 진압을 위해 각 회원국간의 현행법 범위 내에서 세계인권선언의 정신에 입각하여 회원국간 가능한 다방면에 걸쳐 상호 협력을 증진시키는 것을 목적으로 한다.

## 10. 아래는 경찰학의 접근방법들의 특징을 설명한 것이다. 그 설명과 경찰학의 접근방법이 바르게 연결된 것은?

---

㉠ 경찰현상을 비롯한 사회적 현상도 자연과학과 마찬가지로 엄밀한 과학적 연구가 가능하다고 간주한다. 인간의 주관이나 의식을 배제하여야 하며, 인식론적 근거로 논리실증주의를 신봉하고 있다.

㉡ 각종 경찰제도의 진정한 성격과 그 제도가 형성되어 온 특수한 방법을 인식하는 유일한 수단을 제공해 준다. 사회제도 또는 제도의 개혁과 관련된 정책연구에 유용한 시사점을 제공해 주는 것으로 인정되고 있다.

㉢ 경찰과정을 바라보는 시각이 편협하고 왜곡되기 쉽다. 또한 기준이나 지침이 명확하지 않은 경우가 많아 정확한 해석이 가능할 것인가에 대한 의문이 있다. 가장 결정적인 단점은 경찰과정의 역동적 측면을 파악할 수 없다는 점이다.

---

① ㉠체제론적 접근방법 ㉡법률적 접근방법 ㉢제도적 접근방법

② ㉠행태론적 접근방법 ㉡체제론적 접근방법 ㉢제도적 접근방법

③ ㉠체제론적 접근방법 ㉡제도적 접근방법 ㉢역사적 접근방법

④ ㉠행태론적 접근방법 ㉡역사적 접근방법 ㉢법률적 접근방법

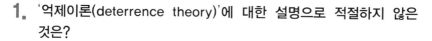

# 2009년 경찰공무원 순경 채용시험 문제

**1.** '억제이론(deterrence theory)'에 대한 설명으로 적절하지 않은 것은?

① 자유의지를 가진 합리적 범죄자를 기본가정으로 한다.

② 18세기 고전주의 범죄학의 직접적인 영향을 받았다.

③ 처벌의 엄중성, 확실성, 신속성이 범죄억제를 위한 중요한 요소가 된다.

④ 범죄자의 처벌을 통해 대중의 범죄를 예방하고자 하는 것을 특별억제 (specific deterrence)라 한다.

**2.** 싸이크스(G. Sykes)와 마짜(D. Matza)의 중화이론에서 '조그만 잘못을 저지른 비행청소년이 자신보다 단속하는 경찰관이 더 나쁜 사람'이라고 스스로를 합리화하는 중화기술은?

① 비난자에 대한 비난(condemnation of condemners)

② 피해자의 부인(denial of victim)

③ 책임의 부인(denial of responsibility)

④ 충성심에의 호소(appeal to higher loyalties)

**3.** 무관용(Zero Tolerance) 경찰활동의 내용으로 적절하지 않은 것은?

① 무관용 경찰활동은 1990년대 뉴욕에서 본격적으로 시행되었다.

② 윌슨(J. Wilson)과 켈링(G. Kelling)의 '깨어진 창 이론'에 기초하였다.

③ 경미한 비행자에 대한 무관용 개입은 낙인효과를 유발할 수 있다는 비판이 있다.

④ 직접적인 피해자가 없는 무질서 행위를 용인하는 전통적 경찰활동의 전략을 계승하였다.

**4.** 브랜팅험(P. Brantingham)과 파우스트(F. Faust)의 3단계 범죄예
방모델에서 '2차 예방(secondary prevention)'에 대한 설명으로
가장 적절한 것은?

① 상습범 대책수립 및 재범억제를 지향하는 전략

② 범죄의 기회를 제공하는 물리적 환경조건을 찾아 개입하는 전략

③ 잠재적 범죄자를 초기에 발견하여 개입하는 전략

④ 범죄발생 원인에 영향을 미치는 경제 및 사회 조건에 개입하는 전략

**5.** 전통적 경찰활동과 비교한 지역사회 경찰활동의 특징으로 적절하
지 않은 것은?

① 범죄이외의 문제도 중요한 경찰업무로 취급한다.

② 체포율과 적발건수로 경찰의 능률을 측정한다.

③ 문제해결(problem solving)과 상황적 범죄예방(situational crime pre-
vention)이 주된 전술이다.

④ 사전적 범죄예방활동을 우선시한다.

**6.** 순찰의 증감이 범죄율과 시민의 안전감에 영향을 미치지 못한다는
결과를 도출하여 경찰의 순찰활동 전략을 재고하게 만든 연구는?

① 플린트(Flint) 도보순찰실험

② 뉴왁(Newark) 도보순찰실험

③ 캔사스(Kansas) 예방순찰실험

④ 뉴욕(New York)경찰의 작전 25실험

**7.** 경찰의 교통사고 조사에 관한 설명으로 틀린 것은?

① 교통사고처리특례법에 의하면 교통사고란 차의 교통으로 인하여 사람
을 사상하거나 물건을 손괴하는 것을 말한다.

② 교통사고처리특례법에서는 교통사고가 반드시 도로에서 발생하여야 할
것을 요건으로 하지 않는다.

③ 도로교통법에서 운전은 도로에서 차를 그 본래의 사용방법에 따라 사용하는 것을 말한다.

④ 도로교통법에 의하면 견인되는 자동차는 자동차의 일부로 보지 않는다.

**8.** 경비수단의 원칙 중 경비사태와 대상에 따라 주력부대와 예비부대를 적절히 활용하여 한정된 경찰력으로 최대의 성과를 올리는 것을 의미하는 것은?

① 균형의 원칙                    ② 안전의 원칙

③ 적시의 원칙                    ④ 위치의 원칙

**9.** 집회 및 시위에 관한 설명으로 틀린 것은?

① 옥외집회 및 시위는 720시간 전부터 48시간 전에 관할경찰서장에게 신고서를 제출하여야 한다.

② 신고서의 기재사항에 미비한 점이 있는 경우 접수증을 교부한 때로부터 24시간 이내에 그 기재사항을 보완할 것을 통고하여야 한다.

③ 주최자의 자격에는 아무런 제한이 없으며, 단체인 경우에는 법인격의 유무를 불문한다.

④ 금지통고에 대한 이의신청은 금지통고를 한 경찰관서의 직근 상급경찰관서의 장에게 금지통고를 받은 날로부터 10일 이내에 하여야 한다.

**10.** 국가보안법에 대한 설명으로 적절하지 않은 것은?

① 국가보안법은 고의범만을 처벌한다.

② 공소보류를 받은 자가 공소제기 없이 2년을 경과한 때에는 소추되지 아니한다.

③ 참고인으로 출석요구를 받은 자가 정당한 이유 없이 2회 이상 출석요구에 불응한 때에는 구인할 수 있다.

④ 수사를 계속함에 상당한 이유가 있다고 인정될 때에는 사법경찰관과 검사는 각 1차에 한하여 구속기간을 연장할 수 있다.

**11.** 인터폴 국제수배서의 종류에 대한 설명으로 적절하지 않은 것은?

① 적색수배서 : 체포영장이 발부된 범죄인에 대하여 범죄인 인도를 목적
으로 하는 경우에 발행

② 청색수배서 : 폭발물과 테러범 등에 대하여 보안을 경고하기 위하여 발행

③ 녹색수배서 : 여러 국가에서 상습적으로 범행하였거나 또는 범행할 가
능성이 있는 범죄자의 동향 파악을 목적으로 발행

④ 황색수배서 : 가출인 소재확인 및 기억상실자 등의 신원을 확인할 목적
으로 발행

# 참고문헌

경찰청, 2002-2017년 순경채용필기시험 문제

경찰청, 간부후보생 선발필기시험문제

김민철, 『경찰학개론 핵심요약집』,미래가치,2017

김택, 『경찰학의 이해』, 박영사,2017

(주) 고시넷 ,객관식 경찰시험 문제

황안오, 『경찰학개론 필수암기150제』,윌비스,2014

## 저자 프로필

**김 택**

중원대학교 경찰행정학과 교수
동국대학교 경찰학박사
강원대학교 행정학박사
미국 워싱턴 디시, American University 박사후 과정 수료

## 객관식 경찰학

| | |
|---|---|
| 초판발행 | 2018년 2월 28일 |
| 지은이 | 김 택 |
| 펴낸이 | 안종만 |
| 기획/마케팅 | 임재무 |
| 표지디자인 | 조아라 |
| 제 작 | 우인도·고철민 |
| 펴낸곳 | (주) **박영사** |
| | 서울특별시 종로구 새문안로3길 36, 1601 |
| | 등록 1959. 3. 11. 제300-1959-1호(倫) |
| 전 화 | 02)733-6771 |
| f a x | 02)736-4818 |
| e-mail | pys@pybook.co.kr |
| homepage | www.pybook.co.kr |
| ISBN | 979-11-303-0543-1 |

정 가          13,000원